旅するニーチェ　リゾートの哲学

岡村民夫

白水社

目次

序

　本書は、フリードリヒ・ニーチェの教説を整序して概説したり、その正否や有効度などを云々しようとするものではない。私の論述の範囲は、旅行時代のニーチェに、すなわち彼の持病が悪化する一八七〇年代末から、発狂する一八八九年一月までの生活と思想の関係にかぎられる。この約十年間、彼はつねに旅人であり、しかもドイツから遠く離れて、主に南ヨーロッパのリゾートを渡り鳥のように経巡りつづけた。『悲劇の誕生』と『反時代的考察』を抜いた彼の主要著作全巻は、そうした旅先で書かれている。これは驚くべきことだろう。彼の旅行生活ないしリゾート生活の実態に迫り、生活と思想ないし著作との相関性を明らかにすることが、本書の基本的主題である。

ただし、本書は通常の伝記や評伝とは一線を画している。ニーチェをめぐる人間関係がクローズアップされることも、編年体で彼の人生が物語られることもほとんどない。なぜなら、そのような記述方法を採るやいなや淡い後景へと退いてしまう彼の〈身体〉や〈場所〉のありようを、私は非常に重視したからである。

　ほかならぬニーチェを考える場合、この視線の転回は固有の意義を帯びるのではないだろうか？ニーチェのテクストは、他の哲学的テクストに比べて、明らかに場所や身体の具体的記述が多い。観念や精神や理性、あるいは真理や善悪などが永らく語られてきた舞台で、身体や生や大地の価値において語りはじめ、精神と身体の伝統的位階秩序を転覆させた点にニーチェの哲学史的意義があるのだとすれば、彼自身の日常は決して些細な細部ではなく、彼の思想の本質にかかわる要素であるはずである。残された書簡は、不思議な持病をかかえていた哲学者が、住む風土・住む季節・食事や飲料水・水浴・散歩の仕方などに細心の配慮を傾け、様々な試行錯誤をしていたことを生々しく教えてくれる。しかも、彼は、自分自身の身体への配慮を楽屋裏に押しとどめようとはせず、反対に、新たな哲学的主要問題として繰り返し読者に突きつけているではないか――「この些細なことども――栄養、土地、風土、休養、我欲にかんする決議法のすべて――これらのほうが今まで重要だと思われてきたものすべてよりもはるかに重要である。」(『この人を見よ』「なぜ私はこんなに利口なのか」)。ニーチェの旅行生活は、つまるところ、彼の哲学的作品のひとつなのだ。

ニーチェの旅行生活を当時の社会環境や文化環境のなかに位置づけなおすために、私は狭義の歴史学だけでなく、リゾート・観光・交通・建築・医学・文学等にかんする文化史的研究をしばしば参照し、またニーチェの滞在地でのフィールドワークを重ねた。しかし、その結果、ニーチェという「力への意志」が時代背景のなかに霞んでしまったとしたら、たとえば時代の一傾向のサンプルのようなものになってしまったとしたら、私の失敗にほかならない。私が心がけたのは、ニーチェを死んだ対象としてしまうことを避け、いわばニーチェ自身の斜めうしろからその歩みを追いながら、彼自身のパースペクティヴの特質を問うてみることである。それは、論者自身のパースペクティヴをニーチェから幾度も問いなおされてはつくりなおす作業をも意味するが、当初、私はその作業を軽く見積もっていたかもしれない。

第一章「ドイツ帝国からの逃走」では、ニーチェが自分の発病をドイツの統一という世界史的進展のなかでの自己喪失として解釈し、自己回復による治療の企てとして旅行生活に乗り出したことを確認する。

第二章「リゾートのノマド」では、彼が一九世紀における鉄道網とリゾートの発達を利用して、ナショナリズムという病気を克服する新たなライフスタイルを創出しようとしたことを見る。

第三章「足の思想」では、彼が〈書くこと〉を歩行や旅行と連動させたことを確認し、この連動が「パースペクティヴィズム」の母胎となったという仮説を示す。

第四章「ニーチェを探して」は、五つの主要逗留地における彼の生活を具体的に記述しながら、旅と歩行の機微に肉迫する。

第五章「新しい健康へ」では、「力への意志」の観点から、彼の旅行時代の主として後期の生活と思想を捉えなおす。

場所と文体を重視する私のニーチェ研究のはじまりは、今から十五年前、はじめて暮らした外国の都市であるニースの公園で、「Terrasse de Frédéric Nietshe」（名前がフランス化されているうえに、姓の綴りが間違っていた）という標示を見いだしたときの驚きと感動に遡る。その数カ月後、スイスのジュネーヴ大学へ留学した関係もあり、ニーチェの書簡を携えて私はさらにスイスのニーチェ関連地を訪ね歩く次第になった。二〇〇〇年から二〇〇一年にかけて、その過渡的な成果を「リゾートのノマド　もっと光を！」と題した文章にまとめ、月刊誌『詩学』に掲載した。本書の第一章から第三章前半と第四章の「ニース」「オーバー・エンガディン」は、とくにそのときの文章が元になっている。けれども、私はすぐに自分の論考の不充分を痛感し、研究を補ったうえで改めてニーチェの旅行時代について書く必要を覚えた。かくして、二〇〇二年春から二〇〇三年春にかけて勤務大学の在外研究期間を利用してフィールドワークと資料蒐集を集中的に行い、帰国後、本書の執筆に取り組んだ。度重なる締めきり破りに辛抱強く耐えてくれた須山岳彦氏に深く感謝する。

二〇〇四年六月一〇日　　岡村民夫

前田愛に捧ぐ

ニーチェの著書と書簡の引用は、入手と携帯の便益を考慮して、主にちくま学芸文庫版ニーチェ全集に基づくが、遺稿の引用は、白水社版ニーチェ全集に基づく。ただし、煩瑣を避けて訳者名を割愛したことと、様々な観点からしばしば訳文を改変したことを寛恕されたい。

第一章　ドイツ帝国からの逃走

ニーチェはドイツ人か

ニーチェはドイツ人か？　ニーチェはドイツの哲学者か？　単純な問いにもかかわらず、答えようとしたとたん私たちは吃ってしまう。なぜなら、彼とドイツとの関係は一筋縄でいかぬ微妙なものだからだ。『悲劇の誕生』から『この人を見よ』にいたるまで、彼の主著はドイツ語で書かれているが、いずれもドイツの外においてである。彼のドイツにたいするスタンスは一定ではなく、人生の過程でドラスティックに変動した。また、その間、ドイツのほうも激動した。

たしかに、フリードリヒ゠ヴィルヘルム・ニーチェは、一八四四年一〇月一五日、ライプツィヒ近郊の小村レッケンに、ルター派の牧師カール゠ルートヴィヒ・ニーチェとその妻フランツィスカの長男として誕生した。そして、ナウムブルクおよびプフォルタで初等教育および中等教育を、ボンおよびライプツィヒで大学教育を受けた。もちろんドイツ語によってである。しかし、諸領邦のゆるやかな連合体「ドイツ連邦」が存在するだけで、単一国民国家としてのドイツはいまだ成立していなかった。彼はプロイセン王国国民だった。しかも、一八六九年、二十四歳のとき、ライプツィヒ大学の指導教授フリードリヒ＝ヴィルヘルム・リチュルの推挙により、スイスのバーゼル大学古典文献学員外教授に就任することになり、その際にプロイセン国籍を放棄した。プロイセンの徴兵によって教育活動に支障が生じないようにだが、なぜかスイス国籍は取得しなかった。「ニーチェはスイス人である」とか、「何人でもない」と言うこともできる。

もっとも、内的アイデンティティは、往々にしてこうした法的・形式的な規定からずれるものである。ニーチェが、少なくとも普仏戦争までは、プロイセン主導によるドイツ統一を願う青年であったことは、その後の思想的展開を考えるうえで無視できない。

周知のように、ナポレオン一世によってヨーロッパ大陸全体が征服・支配された時代に、ドイツ諸領邦を統一し、フランスに伍する強大な国民国家としての「ドイツ」を創設する欲望は組織され、広く浸透した。ナポレオン体制解体後のドイツ諸邦のなかで、プロイセンとは、ドイツ統一のプログラムを富国強兵によりもっとも強力に推進していった王国にほかならない。フリードリッヒ＝ヴィルヘルムというファースト・ネームがプロイセン王フリードリッヒ・ヴィルヘルム四世にあやかったものであることに顕れているように、ニーチェは非常に愛国主義的な家庭に生まれ育った。一八六六年七月、普墺戦争によってプロイセン王国がザクセン王国を併合した折り、後者の首都であったライプツィヒに学んでいた未来の哲学者は、母親と妹に宛てた手紙のなかで、「革命的な仕方でドイツ単一国家の建設をすることが、ビスマルクの強行策なのです。ビスマルクには勇気と無情なまでの徹底さがそなわっています」と述べ、自己を「熱狂的な一プロイセン人」と規定している(一八六六年七月初め)。

そして一八七〇年の普仏戦争勃発の際、バーゼル大学正教授になって間もないプロイセン人青年は、どう反応したか。すでにプロイセン国籍を放棄していたのだから参戦の義務がないばかりか、永久中立国スイスの大学教授としては傍観することが望ましかったはずだろう。にもかかわらず、ニーチェは「兵士ないし衛生看護兵」としてプロイセン軍に従軍するために休職する許可を、わざわざ自分からバーゼル教育庁へ申請した。その根回しのために市参事会員に出された手紙にはこうある――「各人ドイツ人の義務を行え、というドイツの大いなる呼び声のある今日、バーゼルにおける義務に私自身を閉じ込めておくこともできましょうが、ただ苦しい自制をするばかり、実際にはなんの役にも立たぬことでしょう」(一八七〇年八月八日)。結果からいえば、衛生看護兵としてのみの出征が認められただけで、しかも戦線で赤痢と咽頭ジフテリアに罹りわずか二週間で帰還することになった。とはいえ、従軍志願の事実は、当時のニーチェが相当なナショナリストであり、ドイツ統一論者であったことを証していよう。

このナショナリズムは、ある種の思想性の域に達していたと思われ、一過性の熱狂とか若気のいたりといった解釈ではかたづけられない。「メッツの城壁を前にして[……]考え抜かれ」「ヴェルト付近の戦場の砲撃下で書きはじめられた」(『この人を見よ』)という第一書『悲劇の誕生』のなかに、私たちはそのありようを読み取ることができる。

今その傍らに神話なしに導かれる抽象的な人間、抽象的な教育、抽象的な風習、抽象的な法律、抽象的な国家を並べてみよ。いかなる土着の神話によっても制御されざる無規律な、芸術的空想の彷徨を思い描いてみよ、なんら確固として神聖な本来の故郷をもたず、あらゆる手段を漁りつくし、あらゆる文化からかろうじてその身を養う糧を求めざるをえないように運命づけられているひとつの文化を想像してみよ、――これが、神話破壊に向けられたかのソクラテス主義の成果たる現代なのである。[……]われわれはこれを文明国フランスに見て慄然たらざるをえないのであるが、もしわれわれのドイツ的本質がこれと同様にその文化と解きがたく絡みあわされてしまっているとしたら、われわれはドイツ的本質にたいしても絶望をいだかざるをえないだろう。(『悲劇の誕生』二三)

ニーチェは「ドイツ的本質」を、古代ギリシア悲劇の根源にあるディオニュソス的なものと重ね、それがフランスから侵入した頽廃に被われていると認めながらも、ドイツ音楽、なかんずくヴァーグナーの楽劇に、その復興の徴を見いだしている。

ドイツ的精神のディオニュソス的根底からひとつの力が立ち現れた。この力たるや、ソクラテス的文化の諸々の根源的制約とはなんら共通点をもたず、それからは説明も弁護もされえず、むしろかかる文化によって説明しえない恐るべきもの、強大で敵意に満ちたものとして感ぜられるものであって、ドイツ音楽がすなわちそれである。われわれは特にこの音楽の、バッハからベートーヴェンにいたり、ベートーヴェンからヴァーグナーにいたるその力強い日輪の歩みを理解しなければならない。(『悲劇の誕生』一九)

ここには、ドイツ・ロマン主義に一般的な二項対立図式と共通するものがある。古代ローマ文明の後継者を自称し、普遍的理性の名において君臨してきたフランスにたいし、その反動として形成されたドイツ・ロマン主義は、ドイツ固有の本質的価値として、物質に対立する精神、人為に対立する自然、契約的なものに対立する土着的・伝統的なもの(民族、慣習、ドイツ語、ゲルマン神話等)を掲げるのがつねであった。そして、ゲルマンはしばしば古代ギリシアに重ねられた——ローマ文明がギリシア文明の空疎な模倣であるのに対し、ギリシア文明は西洋の真正な起源であると主張でき、また比較文法の観点からは、ゲルマン諸語は古代ギリシア語に近いと主張できる。「アポロン的なもの」と「ディオニュソス的なもの」の弁証法という『悲劇の誕生』の美学は、ドイツ・ロマン主義に多くを負っている。

ところが、プロイセンがフランスに圧勝し、一八七一年一月、プロイセン王ヴィルヘルム一世を皇帝に戴いたドイツ帝国が成立すると、驚くべきことに、ニーチェはそれを言祝ぐどころか、辛辣に批判する「反時代的」立場を表明した。しかも、それ以降、彼のドイツ批判は自己超克の相を呈しながら深さと激しさを増し、長年持続することになるのだ。

従軍体験をリヒャルト・ヴァーグナーに報告する書簡のなかに、早くもその兆しは見いだされるが（「ドイツの勝利につきまして、私はなにひとつ申し上げたくありません、それは壁にかかった危険信号で、そのことはあらゆる民族にとって自明なことです」一八七〇年九月一一日）、ドイツ批判が公にされたのは、『反時代的考察』四論文（一八七三年―七六年）においてである。そこでは、普仏戦争の勝利を「フランス文化」にたいする「ドイツ文化」の勝利と見なしたドイツ帝国の知識人・ジャーナリストたち一般――その典型としてのダーフィト・シュトラウス――が、真の創造や探求を抹殺し、それらを空虚な「世論」に置き換える「教養の俗物」として痛罵され、それにたいしてフランス文化は依然優越していると説かれている。

> フランスとの最近の戦争がドイツに残したすべての悪しき結果のうち、おそらく最悪のものは、普及した、否、一般化した誤謬、すなわちドイツ文化もまたあの戦争で勝利を収めた、それゆえかくも異常な出来事と成果にふさわしい花環でもって今や飾られなくてはならぬという、世論および世論的に考えるすべての人々の誤謬である。この妄想は極めて有害である。というのは、これが一つの妄想であるからではない――なぜなら極めて有益な極めて多幸的な誤謬も存在するのであるから――、そうではなく、これによって、わが国の勝利を完全な敗北に変ずること、すなわちこの勝利を「ドイツ帝国」のおかげでドイツ精神の敗北に、否、根絶に変ずるということがありうるからである。（『反時代的考察』第一篇・一）

『反時代的考察』の段階では、ヴァーグナーは、「教養の俗物」に対立する創造者・教育者、真の〈ドイツ＝ギリシア精神〉として依然顕揚されている。けれども、直後の『人間的、あまりに人間的』（一八七九年）では、過去の天才的ドイツ人の天才たるゆえんが反ドイツ性ないし脱ドイツ性に求められ、ゲルマン神話を復興するヴァーグナーが、音楽史上の一大改革者であるにせよ、未来にたいする危険な傾向を代表する存在であるとされる。そして『悦ばしき知識』（初版一八八二年）以降、ヴァーグナーもまた、ギリシア的・ディオニュソス的なものにたいするドイツ的敵対者として、公然たる攻撃対象となるにいたる。

ドイツ観が「反時代的」に急転した理由・動機は、何なのだろうか。複数のファクターを想定できなくはない。たとえば、国家統一という目標があっけなく実現してしまったので、それまでの情熱が備給対象を失なってしまった。国家統一に過大な期待をかけたがゆえに、結果にたいする失望が大きかった。批判によってドイツ文化の向上をはかることが、第二段階のプログラムとして措定された。永世中立を選択している第三国で生活していたので、批評的距離をとって祖国の変化を観察できた。現実にドイツ文化が批判にあたいする弛緩状態に堕落した。『悲劇の誕生』を冷遇するドイツ帝国の文化人に憤激した。バーゼル大学の同僚である歴史家ヤーコプ・ブルクハルトの影響を受けた[1]。現状を批判することは、ニーチェの一貫した気質に属する、等々。態度変更の急激さや、

（1）曽田長人「ニーチェとスイス―ドイツとヨーロッパのあいだ」（森田安一編『スイスの歴史と文化』刀水書房、一九九九年）を参照。

ドイツ批判の執拗さを慮ると、どれもどこか充分な説明たりえないという感が残るが、この問いは開いたままにしておこう。ニーチェの旅行時代の意義を考えようとしている私たちにとって、もっとも興味深い伝記的事実は、普仏戦争以降のドイツ帝国主義の進展がニーチェの病気の進展と奇妙に並行していること、そしてそれがニーチェにドイツの外への旅を促していることなのだ。

治療としての亡命

偏頭痛、眼痛、視力低下、目眩、局所的麻痺、不眠、胃痛、嘔吐、消化不良、痔疾、発疹……。多形的な症状を呈して周期的にニーチェを襲った持病が、初めてはっきり発症したのは一八七〇年晩秋から七一年春にかけてである。その後、彼の健康状態は快方と悪化の複雑な波を描くが、基本的には下降線をたどった。七六年一〇月から保養のための一年間におよぶ休職。七九年六月には、絶えまない発作のため教師生活をつづけるのを断念し、バーゼル大学を依願退職してしまう。

> 父の生が衰えていったのと同じ年齢に、私の生も衰えていった。三十六歳のとき、私は私の活力の最低点に達した――まだ生きてはいたが、目の前三歩も見えなかった。その年――一八七九年だったが――私はバーゼル大学の教授職を辞し、夏中ずっとサン・モリッツで、まるで一個の影のごとく生きた。そして、その年の冬は私の生涯でもっとも日光に乏しい冬だったが、私はナウムブルクで影として生きた。これが私の極小限だった。（『この人を見よ』「なぜ私はこんなに利口なのか」）

そのナウムブルクで当時書かれた手紙（オットー・アイザー宛、一八八〇年一月）には、実際こう

ある、

あいかわらずの苦痛、一日の大半は舟酔いにも似た気持ち、話をするのも大儀な、半ば麻痺した状態、転換どきに荒れ狂う発作（この発作は、私に三日三晩嘔吐を強要し、もう死んでしまいたいと思ったりもするのです）。

独身の病める哲学者は、三〇〇〇スイス・フランの年金（最終年俸の三分の二）を主な糧に、定まった住所を持たず、もっぱらひとりで南スイス・北イタリア・南フランスのリゾートを旅しながら思索をつづけるという、非常に孤独な道を選んだ。一八八〇年春から徐々に快方に向い、一八八二年春には、快癒を本人が確信するまでになった。しかし、同年夏から一八八六年春に再発し、ふたたび発作と小康が繰り返された。一八八八年春から身体的苦痛が軽減し、ニーチェは多幸的な躁状態を迎えるが、周知のように、一八八九年一月初め四十四歳にしてトリノで昏倒・発狂するにいたった。以後、知性が回復することは二度となく、彼は痴呆状態のまま、一九〇〇年八月二五日ワイマールの自宅で五十六年の生涯を終えた。十年の教師生活、十年の保養旅行生活、十年の昏迷。一八七〇年以降のニーチェの知的活動は、時化と凪ぎを繰り返す大洋を航行する小舟のようなものだったといえよう。

この病気の正体は、何なのか。分裂症説や癲癇説などもあるものの、こんにち定説となっているのは、梅毒による非定型進行性麻痺である。スピロヘーターにより大脳皮質の特定部位が壊死することによって引き起こされる進行性麻痺は、潜伏期間が長いうえに、ひとによりテンポや前駆症状が様々であるという(1)。

しかし、発狂以前にニーチェに、梅毒と診断を下す医者はいなかった。梅毒の病原体・スピロヘータの存在がベルリンの医学界で認知されたのは、彼の死後の一九〇五年、確実な梅毒感染診断法が発見されたのは、その翌年である。ニーチェが梅毒の関与を心配していた形跡も認められない。バーゼル時代、医者たちは、眼や胃の器官的・局所的疾患と診断したり、神経的疾患と診断したりし、服薬、食養生、読書の禁止、水治療法、転地療法等、様々な処方を患者に告げている。それらはどれも決定的な効果をあげるにはいたらなかったが、そのことが患者の自己反省を促したと思われる。幼いときに父親を「脳軟化」によって失っていたニーチェは、遺伝性の脳疾患を懸念しているが、とにかく慣れ親しんできた風土と生活習慣、すなわちドイツ的な風土（ドイツと国境を接する都市バーゼルも含まれる）と生活習慣が悪影響を及ぼしていると判断し、自己の身体に適した新たな風土を熱心に探し求めた。一八八八年の『この人を見よ』で、こう明言している、

私の生活が、最近の十年間、あの危険だった十年間にいたるまではずっと間違った土地で、本来私には禁じられているような土地でばかり営まれてきたという無気味な事実を考えると、ぞ

（1） 小林真『ニーチェの病跡』金剛出版、一九九九年、八三頁。

シルス=マリアのニーチェの下宿

っとする。ナウムブルク、プフォルタ高校、チューリンゲン州一帯、ライプツィヒ、バーゼル、ヴェネツィア――これらはみな私の生理にとって災難の土地ばかりだ。そもそも私は自分の幼年時代を通じて楽しい思い出というものをひとつも持っていない。

同書では、ドイツの風土や食習慣は、内臓を弛緩させ、新陳代謝を遅くし、「生への意志」を損なう、とも述べられている。対比的に称賛されるのは、「流れ落ちる泉の水を汲んで飲める場所がいたるところにあるような町（ニース、トリノ、シルス）」や、「空気がすばらしく乾燥している土地」、パリ、プロヴァンス、フィレンツェ、エルサレム、アテネなど、すなわちバーゼル時代後にニーチェが滞在した土地や、長らく憧れていた土地だ。

発狂直前に書かれた『この人を見よ』は脚色された自伝なので、記述を鵜呑みにするのは危険だが、これに類した考えは、すでにバーゼル時代末期の手紙に、彼自身の保養旅行と関連しながら散見される。一八七六年九月二七日、はじめてのイタリア旅行をまえにしたニーチェは、バーゼルからヴァーグナーに書き送っていた――「イタリアの地にまいり、あの地で先生がインスピレーションをえて、『ラインの黄金』(2)の音楽を始められたことをまざまざと思い浮かべることでしょう。あの地がいつも先生にとって発端の地でありますように！　そうなりますれば、しばらくのあいだ先生はドイツ人から免れることでしょう。ドイツ人に、何か本当のことをしてやるためには、ドイツ人から免れていることが、ときとして必要なことのように思われます」(3)。この直後、ニーチェは一年間の休職を利用し、スイス・フランス語圏のベーにおける湯治をへて、ジェノヴァ、ナポリを訪れ、パウル・レー、アルベルト・ブレンナー、マルヴィーダ・フォン・マイゼンブークと、ナポリ湾を見おろすヴィラで共同生活を試みた。翌年の五月、彼はイタリアからふたたびスイスの山間の保養地へ北上するが、その途上のルガノからの手紙にはこうある――「どしゃ降りをついて、スイス国境を通過したとき、一度だけピカッと光って雷鳴が轟きました。私はこれを吉兆だと思ったのです。そのうえ、山々に近づくにつれて気分が良くなっていったことも申しあげずにはいられません。[……] その運搬人で私は初めてスイス訛りのドイツ語を聴いたわけなのですが、考えてもみてください、一種の感動をもって聴きいったわけなのです。自分はドイツ人のなかに暮らすより、スイ

(2)『ニーベルングの指輪』四部作の「序夜」。
(3)『人間的、あまりに人間的』I・三二三にも同様の言がある。

ス・ドイツ人のなかで暮らすほうがいいと、ふと感じたりしました」(マイゼンブーク宛、一八七七年五月一三日)。

バーゼル批判を語る文面も一例だけ挙げておこう——「空気と水と湯治場がぼくの身体には非常に良い。ああ、あのいまわしい有害なバーゼル、あそこで健康を失ったのであり、人生をも失うことになるでしょう」(母親と妹宛、一八七九年四月一二日)。

ニーチェが持病を「ドイツ」と関連づけた誘因として、病状の変化と時代との奇妙な符合があろう。持病の発症は、普仏戦争のさなかの出来事であるうえに、西部戦線における罹患と連続していた。赤痢とジフテリアによる衰弱が、梅毒の発症を誘発したということは大いにありえよう。さらに一八七六年七—八月、南ドイツのバイロイトにおける祝祭劇場落成を祝う『ニーベルングの指輪』試演——ドイツ帝国皇帝や多くのドイツ人名士が招待されたが、ニーチェはヴァーグナーが自分を裏切ってドイツ帝国に迎合したと受け止めた——の最中に、病状は悪化した。「『人間的、あまりに人間的』第一巻第二版——一八八六年——のための十の序文(遺稿)」は、この試演を吐き気をもよおす食物に喩え、ある種の訣別と結びつけて語っている——「当時私は吐き気のあまり激昂して、自分がそれまで席についていた食卓を突きとばした。そして私は、自分の食卓を従来のように「俳優連中」や「精神の高等な曲馬師たち」[……]と分かちあうくらいなら、むしろ偶然的に、また拙く生きることを、むしろもはや生きないことすらを心に誓った」。

これらのニーチェの言を考えあわせると、バーゼル時代後半に試みられた数度の保養旅行が、その後の恒常的旅行生活の助走をなしていたことや、すでにバーゼルを去る時点のニーチェにおいて、

「ドイツ」の負性が、ドイツ帝国内の現下の風潮という域にとどまらず、自己の身体にまで浸透した害毒へと深化・内在化されていたことがわかる。つまり、彼の旅行生活は、〈ドイツという病〉からの逃走、自己の心身の非国民化、〈亡命＝治療〉として企図されていたのである。ニーチェにとって、バーゼル移住は単なる偶然だったが、そこからの離脱は、みずからの身体に強いられた結果であると同時に、極めて意志的な行為だった。『曙光』以降の著作、すなわち彼の全著作の九割がそうした旅先で書かれているという事実を、私たちはもっと重視するべきだろう。

病因が定説どおり梅毒であったとすれば、病気と「ドイツ」との関連づけは「妄想」だったことになる。つまりニーチェの自己診断は「誤謬」であり、その処方はせいぜい、病状を緩和したりその進行を遅らせたりする程度の効果しか発揮しなかった、ということでもある。そもそも梅毒の特効薬が発見されるには一九一〇年をまたねばならず、それまで梅毒は不治の死病にほかならなかった。しかし、にもかかわらず、病める哲学者の旅行生活は、国家や言語や誤謬や思考や身体や大地の「価値転換」という地平において、大きな思想史的意義というか、問題提起力をはらんでいるのではないだろうか。おそらく、ドイツの国境を遙かに超えて、私たちの現在を呑み込んでしまうほど大きな……。

ライフスタイルとしての哲学

トリノの隠者があなたへサジェストする食餌療法。アルコール類は厳禁すること。泉の水で充分。消化を悪くする間食は不可、気分を暗くするコーヒーも不可。紅茶は朝だけなら良いが、濃くなければならない。薄い紅茶は、

かえって非常に有害で、終日惰弱になる。紅茶の濃い薄いについては各人めいめいの適度がある。ときとしてそれは微妙繊細を極める。非常に刺戟の強い気候風土の地にあっては、はじめからいきなり紅茶を飲むのは良くない。それより一時間前に、まず一杯の濃い脱脂ココアを飲んでおくべきである。――さらにできるだけ腰をかけないようにつとめること。戸外で、自由な運動から生まれたのではないような思想――筋肉もまたともに祭典を祝っているのではないような思想、そんな思想は信用しないこと。(『この人を見よ』「なぜ私はこんなに利口なのか」)

晩年のニーチェのこの種の言述が、彼自身による食餌療法や長距離散策の経験に基づいていることは容易に想像できよう。とはいえ、なぜ哲学書のなかで？　そもそも、『この人を見よ』は哲学書なのか？　――哲学書なのだ、むしろ飲食や散歩や風土の蘊蓄を語ることにおいて。まさに、筋

肉がともに祭典を祝うような思想こそ信用にあたいするという「思想」が説かれているのだから。
こうした思想を、形而上学・観念論・キリスト教道徳等にたいする批判とともに、ニーチェが公表しはじめるのは、バーゼルを去る前後である。たとえば、『人間的、あまりに人間的』第二巻のなかで。ニーチェは、衣食住・社交・睡眠・余暇等の「もっとも些細なことやもっとも日常的なこと」が一般に真剣な反省や改造の対象となっておらず、何が有益で何が有害か知られていないことが、人々の心身の虚弱化をもたらし、地上を「禍いの野」たらしめていると述べ、こうした無知・無関心の蔓延の背後に、僧侶や形而上学者の姑息なポリティックスを透視する。

ここで問題となっているのは、ほかのどの場合とも同様に人間の非理性的性格である、と言ってはならない。むしろ、こう言うべきだ——理性は充分、充分すぎるほど存在している、だがそれは間違った方向に向けられ、あのささやかなそしてもっとも身近な事柄から人為的にそらされているのだ、と。すなわち、僧侶や教師たち、それから、高尚な支配欲にかられたあらゆる種類の、つまり粗野なのや繊細なのやを含むすべての理想主義者たちによって、人々は子供のときから、全然別のことが大切だと吹きこまれているのだ。つまり大切なのは、魂の救い、国家への奉仕、科学の振興、あるいは全人類に奉仕をつくすための手段としての名声や財産であり、反対に、個人個人の欲望、二十四時間の生活のなかの個人的な大小の必要などは何か軽蔑すべきもの、あるいはどうでもよいものなのだ、と。（「漂泊者とその影」六）

ニーチェは犯人たちを特定して、超越的理念にたいする信仰の布教が身体的なものの忘却を広めた、と批判しているだけではない。この布教のうちに、偽善的な「支配欲」を、つまりカモフラージュされた形而下的な力を見ているのである――「われわれはすべて、老いも若きも、恥ずべき依存と不自由のなかに陥れられている、――言う意味は、いまなお全社会を重圧している医師や教師や牧師への、あの根本においては余計な依存に陥れられている、ということである」(『漂泊者とその影』五)。美しきスローガンを餌に他者の欲望を自己疎外へ導くことによって、他者を支配下に置こうとする奸策、つまり「力への意志」をすなおに発動せず正体を隠蔽したまま、他者の力を倒錯させることで他者を支配する屈折した「力への意志」。こうした批判的分析には、『道徳の系譜学』や『善悪の彼岸』の萌芽が認められる。

　告発されている偽善的権力は、ドイツに限定されるものではまったくなく、西洋近代の根柢に存在し、古代にまで根が伸びているような権力である。が、他方、「国家への奉仕」「医者や教師や牧師」への言及のうちに、牧師の家系に育ち、国民主義的教育を受け、一大国民国家の誕生をまのあたりにし、医者の処方に翻弄されていた人物のなまなましい呻きを聴き取ることができる。ニーチェにとり、自分の病因は、経験的には「ドイツ」として現象し、原理的には、西洋近代そのものへ遡る。西洋近代という大きな病ゆえに、私はここまで深く「ドイツ」という小さな病に冒されてしまった――これが彼の根本的自己省察であると考えられる。

　したがって風土や食事へのこだわりや転地は、形而上学やキリスト教や国家や医療の価値を転倒し、これらの諸組織の網から自己の生を解きはなつ、という思想的企ての不可欠な構成要素としてはたらいている。それが哲学自体の歴史的な「価値転換」を意味するということを、ニーチェは明確に自覚している――「哲学者たちが、まったく異なった生活秩序を探究し、実例を挙げてそれを呈示する勇気を獲得しないかぎり、哲学者など、まったくくだらないものである」。――「哲学者が製作するものは、(彼の著作に先立って、何よりもまず) 彼の生活である。それこそが、彼の芸術作品である。……いったい哲学は、これまで、われわれにたいして、何の貢献をしてくれたのだろうか。哲学は、現在、われわれに何を貢献してくれるのだろうか」(「「苦境に立つ哲学」をめぐる考察のための諸思想」一八七三年秋)。今後、哲学は、諸力を肯定的なかたちで結集させる「文化の医者」とならなければいけない。

哲学史におけるニーチェの画期性・先駆性とは、形而上的なものと形而下的なもののヒエラルキーを転倒して貶められていた身体の名誉回復を主張しただけでなく、この転倒をライフスタイルの再構築と不可分な行為として捉え、近代的条件のなかで新たなライフスタイルを実験しつつ、その人生を賭けた実験を新しいタイプの書物として世に呈示したことにあろう。

僕は僕自身の医者でありたい

敵は自分の外にいるだけではなく、細菌のごとく、自分の肉や内臓や血液のなかに浸透し、欲望に寄生してこれを倒錯させ、すでに根深い習慣を形成している。

精神も徳も、これまで百重にも飛び迷い、飛び誤った。ああ、この迷妄や失策のすべてが、いまなお我々の身体のなかに住まっている。その迷妄や失策は、そこに住まって、身体と化し、意志と化しているのだ。（『このようにツァラトゥストラは語った』第一部「贈与する徳について」）

ニーチェの逃走が、健康によい場所に移住しさえすれば達成されるような企てでないことは、もはや明らかだろう。身体に寄生した勢力からの逃走は、必然的に自分自身にたいする闘争、自分の習慣や嗜好や愛情にたいする容赦ない攻撃、消化しかけたものの嘔吐、自分自身の生体解剖、根気を要する自己改造などを意味する。旅するニーチェの身体は政治化され、地政学的な闘争の場、一種の戦場と化す。

もちろん、ここで問題とされる政治は、狭義の政治、法的主体どうしが共同体の運営のために演ずるかけひきではない。ニーチェは政治から脱出し自然へ回帰しようとした、と言えなくもない。

しかし、身体が無垢な自然ではなく諸力の歴史的な編成として受け止められている以上、この編成にたいする抵抗は、やはり政治性をもつ。重要なのは、これが独自の質をもつミクロな政治――ミクロな政治と粗大で顕在的な政治のあいだには相互に干渉が生起していようが――であるということだ。こうした潜勢力の演劇に、私たちは本書でどこまで肉迫できるだろうか。

ほとんど身体そのものと化したかのような「迷妄と失策」から自由になるには、どうしたらいいのか。気のおもむくまま快楽に身をまかせ、放恣な生活を送ればいいのか。しかし、欲望自体が病んでいるのだとしたら？　別の習慣、反対の習慣を身につければいいのか？　――ニーチェが選択したのは、「自己支配」の道である。

その必要性は、歴史的展望のもとで捉えられている。――現代では医学の専売特許であるような事柄が、古代では一般的に哲学に委ねられていた。逆に言えば、道徳が、身体的な「節制」、日々の生活における「中庸」として理解されていた。そしてその目的は、「自己支配を失わない」ことにあった。ところが、近代の倫理学者は、人間を「奇妙なまでに精神的な存在」と見なし、身体をないがしろにした有害な道徳体系を築いた。こんにち、「医学上の刺戟や毒物」「空気、太陽、住居、旅行等々」によって、ひとは健康になろうとしている。しかし古代と異なり、そこでは「快適安楽な仕方で健康であり病気であること」が原則となっており、「自己統制」が欠落している。それにたいし、「未来の教育者」は「より厳しい節制の命令を下すであろう」(「「苦境に立つ哲学」をめぐる考察」)。

ニーチェは、道徳と医学の分裂という出来事のうちに、道徳の形而上学化・観念論化を見ている。重要なのは、その超克のために要請されているのが道徳の放棄や医学への依存ではなく、道徳を「自己支配」へ再編制することである。ニーチェにとって、病気とは、狭義の身体に限定される事柄なのではなく、近代における精神の身体にたいする関係——身体と精神を分離して扱うこと、自分自身でおのれの身体を思考し統御する努力の放棄、身体を他者の権威にゆだねること——にもかかわる事柄なのだ。

そうであれば、ツァラトゥストラがつぎのように医者と患者の一体性を説いていても、不思議はあるまい。

認識しつつ身体はみずからを浄化する。認識をもって試みつつ身体はみずからを高める。認識するものにとって、一切は聖化される。高められた者にとって、魂は悦ばしくなる。

医者よ、きみ自身を救え。そうすれば、さらにきみの患者をも救うことになるだろう。自分で自分を癒す者、そういう者をまのあたりに見ることこそが、きみの患者にとって最善の救いであらんことを。(『ツァラトゥストラはこう語った』第一部「贈与する徳について」)

病める身体を認識して新たな生き方を試みることが、すでに自己超克であり、自己喪失からの回復であり、「健康」の序章である。ということは、自己の身体への配慮を含む治療生活それ自体が、

「文化の医者としての哲学者」によって創出・呈示されるべきライフスタイルである、ということだ。未来のライフスタイルは、身体―大地の意義をめぐる省察を恒常的に伴わねばならない。原則的に、思考の身体への積極的関係を軸に、新たな習慣は組織される。したがって、ニーチェが要請している習慣の変更は、単なる習慣の交替を意味するのではなく、他律から自律へ、隷属から自由へ、受容から選択ないし創造へという、習慣そのものの質的転換を意味する。

かくして、ニーチェはフーコーのはるかなる先駆者であり、フーコーはニーチェについてほとんど語らないとき、ニーチェのもっとも正統な後継者であった、と言うことができる。ミシェル・フーコーの遺著『性の歴史』、特にその第二巻・第三巻は、「古代にはどのようにして性の活動と快楽が、ある〈生存の美学〉の基準を働かせながら、自己実践をとおして、問題として構成されたか」を、一次資料を豊富に引用しながら分析・叙述している。それによれば、古代ギリシア・ローマにおける性道徳とは、禁止や罰を伴う一般的な「法」によって規定されたものではなく、「食養生」と同様に「養生術」に属すること、「自然だが、つねに過度になりがちな力」を制御しつつしかるべく「活用する」こと[1]、「自分の身体へ正しい、必要にして充分な配慮をいだく、そうした主体として自己を構成する」こと[2]、つまり「自己支配」ないし「自己への配慮」の一領域であった。したがって性生活は、善悪という絶対的尺度によってではなく、戦略的かつ審美的尺度によって評価さ

（1）　田村俶訳『快楽の活用』新潮社、六六頁。
（2）　前掲書一三九頁。

れていた。

フーコーがつぎの点を強調していることは、とりわけニーチェとの関連で興味深い。古代ギリシア・ローマの「市民」において、自己の鍛練は、「徳」という目的を得るための手段なのではなく「徳」そのものであった。養生の実践は「自己への細心の配慮となって展開していかねばならない」ので、医者の知は、本人の納得という形式において受け止められるべきとされ、それへの無条件の服従は、養生術の本義に反すると理解されていた。(3) ニーチェは性生活についてはほとんど説いていないが、フーコーの晩年の研究を介することで、その実験的ライフスタイルが、彼自身示唆しているとおり、古代文化の復興の試みであるということが明瞭となろう。

ニーチェは来るべき哲学者を「立法者」に喩えている。その要点は、法の遵守よりも、お仕着せの法に従わずに自己の法を創出する能力に置かれているが、やはり誤解をまねきやすい比喩だろう。身体にたいし外的・超越的な一般的規則や恣意的命令が問題となっているのだとしたら、彼が批判する形而上学者や僧侶が科する道徳と同質になってしまうわけだから。ニーチェが本当に要請しているのは、反対に、身体の謎めいた徴候を繊細に観察し、その叫びや呟きに注意深く耳を傾け、荒振る諸力とかけひきを演じながら、それらの調整をはかる、といった内在的営みである。「立法者」の比喩よりも、荒海をゆく「航海士」の比喩（オーヴァーベク宛、一八八三年一一月九日）のほうが適切であるといえる。

『ツァラトゥストラ』からの先の引用部に続く段落を読んでみよう――「いまだに決して歩み行かれたことのない千の小道がある。生の千の健康があり、生の千の隠れた島々がある。人間と人間の大地とは、依然として汲みつくされておらず、また発見されていない」。身体は各人各様の多様体であるうえに、時間と環境により微妙に変化しつづける。この側面からも、身体の支配は、一律な法の適用とはなりえず、個人個人による各様な実験であらなければならないのだ。紅茶の適度な濃度がひとにより微妙繊細を極めるゆえんだろう。

医者の位置づけは、とても微妙な事柄である。

彼は古代の哲学者の修辞法に倣い、哲学を医学的比喩をもって語る。「そのとき以来［＝一八七六年以来］私はじつは生理学と医学と自然学のほかはもはや何もやらなかった」とすら豪語している（『この人を見よ』「人間的、あまりに人間的」）。医学は、天上に舞い上がろうとする傾向のある人間を、身体の地平へつなぎとめる碇のように機能する。彼自身の衛生看護兵経験も、「医者としての哲学者」の概念の形成に関与しているかもしれない。

ところがニーチェは他方で、医者を僧侶や形而上学者の仲間と見なす。批判されているのは、医学の存在よりも、医者と患者との一般的関係である。患者が医者に身をまかせる仕方に、信者が僧侶や神に身をまかせる仕方と共通するものがあり、身体への注意力や感受性を減衰させることがいちばん問題なのだ。

（3）『快楽の活用』一三八―一三九頁。

たぶん医者なしで生きる。――病人は、医者にかかっているとき、自分で自分の健康に気をつけているときよりも軽卒であるように私には思われる。前者の場合、一切の指令されたことに厳密に関係していれば充分である。後者の場合、私たちは、そうした指令が目指すもの、私たちの健康を、医者から勧められてするよりもいっそう良心的に注目し、はるかに多くのものに注意し、はるかに多くのことを自分に命令し、禁止する。あらゆる規則は次のような効果を持つ。すなわち、規則の背後の目的から注意をそらさせ、いっそう軽卒にさせること。――そこで、かつて人類がその医者としての神に、「御心のままに」という言葉にしたがって一切を完全に誠実にまかせていたとしたら、人類の軽卒さはなんと御しがたい破壊的なものにまで高まったことだろう！（『曙光』三二二）

病人の自己の身体への注意力の低下を、医者が病的な事態と見なさないとしたら、医者は批判されるにあたいする。医学は、治療における人間関係や心理状態を医学的問題と見なすところまで進化する必要がある。ニーチェが医学や生理学を学ぶのは、自己自律のためである。

ところで、この自己自律は、既存の国家からの自由に関連する――「この「道徳の」空位時代にあっては、できるかぎり私たち自身の主権者であること、小さな実験国家を建設することが、いちばんよいやり方である。私たちは実験である。またそうであることを望もう！」（『曙光』四五三）。ひとりひとりが「小さな実験国家」たれと言うのである。

そして、自己自律は、既存の家族からの自由にも関連する。たとえば、一八八一年七月九日にシルス＝マリアで書かれた手紙のなかで、ニーチェは母親と妹に強く訴えている。

僕の脳の苦痛はおそろしく判定しがたいものです。そのために必要な科学的な薬剤にかけては、どんな医者より僕のほうがまさっています。お母さんたちがそちらから新しい療法を勧めてくださったり、ましてや僕が「病気を放りぱなしにしている」などとお考えになるなら、科学上の僕の誇りを傷つけるというものです。この点でも、どうか僕を信用してください！　やっと二年になりますが、いまの僕は自分で処置しているのです。ですから、もし僕が過ちを犯したというのなら、とにかくそれは、他人の熱心な勧めに折れてやってみたという点です。ナウムブルクやマリエンバートなどに逗留したことだってそうなんです。［……］長いこと誤った方法の治療を受けてきたのですが、僕はまず、そうした誤った方法で残った嫌な影響から逃れねばならないのです。このことでお母さんがたの愛情と同情を突き返すようにみえても、決して怒らないでください。でもこれからの僕は、あくまで僕自身の医者でありたいのです。立派な医者だったのだ（僕自身にたいしてだけでなく）と、人間どもに僕のかげぐちを聞かせてやりたいのです。――とにかく僕はこれからも多くの苦しみの時期を迎えるでしょう。そんなことにいらいらなさらないでください、心からお願いします！　そのほうが僕の苦しみ以上に僕をいらいらさせるでしょう。というのも、それは、僕のいちばん身近な血縁が僕を少しも信用してくれないという証明になりますからね。

それにしても、なんと悲劇的で皮肉な運命だろう！　発狂後、彼の身体は、肉親と精神科医の管理に完全にゆだねられるのだから。そして、彼のテクストは、妹エリーザベト・ニーチェの管理にゆだねられ、再編集や削除や改竄や破棄を被り、さらにはヒトラーに心酔した彼女を介して、ナチズムを正当化する哲学書として宣伝されるはめになるのだから……。

第二章　リゾートのノマド

大学辞職まで、ニーチェの保養の旅路は迷走していた。ナウムブルク、ルガノ（スイス南部）、シュタイナーバート（シュヴァルツヴァルト）、ベー（スイス南西部）、ジェノヴァ、ソレント、ラガツ（スイス東部）、ルガノ、ローゼンラウイバート（ベルン高地）、バーデン・バーデン、インターラケン、ジュネーヴ……。夏は高地へ、冬は海辺へというおおまかなパターンがあるとはいえ、逗留は特定地域に限定されず、しかもそのほとんどが短期である。それが、大学辞職以後、確かな規則性・反復性を獲得する。毎年、夏はオーバー・エンガディン渓谷（サン・モリッツ、シルス＝マリア）に、冬は地中海のリヴィエラ海岸（ジェノヴァとその近郊か、ニースとその近郊）に、春や秋にはアドリア海の水都ヴェネツィアに滞在するようになるのだ。長期滞在地を縫う大移動の過程で、北イタリアから南スイスの高地の湖沼地帯（コモ湖、マジョーレ湖、ルガノ湖）や、交通の要衝であるチューリヒやクールにおける短期逗留が生ずる。一度限りのマリエンバートでの温泉保養やシチリア旅行、友人や家族との人間関係上の理由からのローマ、ルツェルン、ライプツィヒ、バーゼル、ナウムブルクなどへの旅行が、周期的循環のなかの挿入句となる。そして最後に、一八八八年春と同年秋から翌年初めまでのトリノ長期逗留が加わることで、この規則に大きな変化がもたらされる。

ニーチェの「自己支配」は、外的・空間的には、こうした恒常的で周期的な旅行として実践された。滞在地の選択が、狭義の保養の観点——風土と身体との適合性や医療施設の充実度——に基づいていたことは言うまでもないが、そこには同時に「自己支配」の問題をめぐる豊かで多重的な価値づけが潜んでいる。

ところで、私たちはそのことの分析に踏み込む前に、彼の反時代的ライフスタイルを支えている時代性を一瞥しておきたい。すなわち、ヨーロッパにおける鉄道史とリゾートの歴史の復習である。こんな迂路をとるのは、この種の歴史的・社会的背景への配慮が従来のニーチェ研究において閑却されてきたから、というばかりではない。近年「感性の歴史」（アラン・コルバン）の領域で、鉄道やリゾートの発達は、西洋における身体と自然の位置づけの地殻変動を示す極めて重要な出来事として注目を集めている。ニーチェの「漂泊」をその文脈のなかに置きなおす作業は、ニーチェの哲学自体にかない、彼の実験の今日性を浮び上がらせ、ひいては私たち自身の思考と諸実践を反省することに役立つはずだろう。

リゾートへの列車

鉄道先進国であったイギリスには十年、隣国フランスには八年遅れ、ドイツ連邦では一八三五年に最初の鉄道が開通した。以降、領邦間の鬩ゆえにスムーズにはいかないが、鉄道はプロシアを中軸に急速に敷設・延長されてゆき、それによる交通の活性化は、産業革命とドイツ統一に大きく寄与した。一八四四年生れのニーチェは、「鉄道の子供」にほかならない。

彼はプフォルタ高校時代の生活記録のなかで、汽車旅行への好みを、いくつか理由を挙げながら開陳している。「沿線の美しい景色が魔法の絵のようにかすめて過ぎていく」こと。それが人生のメタファーに見えること。鉄道の出現以前に自己形成を終えていた世代の文学者や知識人が鉄道旅行に不快感を示し、郵便馬車旅行や徒歩旅行を懐かしんだのと対照的に、この青年はむしろ鉄道旅行のほうを「詩的」だと感じている――「馬車に乗って行くのは僕にはどうもあまりにも詩的でなさすぎるように思われます。深く考えごとに沈んでいると急にがたごと揺れて、頭のなかがすっかりかき乱されてしまったりするからです。徒歩で行くと、せっかく崇高な印象を受けても、いつも散歩の時によく見かけるような平凡なものがやたらと目について、その印象が壊されてしまいます」(一八五六年の記録)。約十年後の覚書では、ギリシアの神々と現代の旅行者がオーヴァーラップされる――「山の上に住んだり、たくさん旅行したり、急速に移動したりすること、――この点

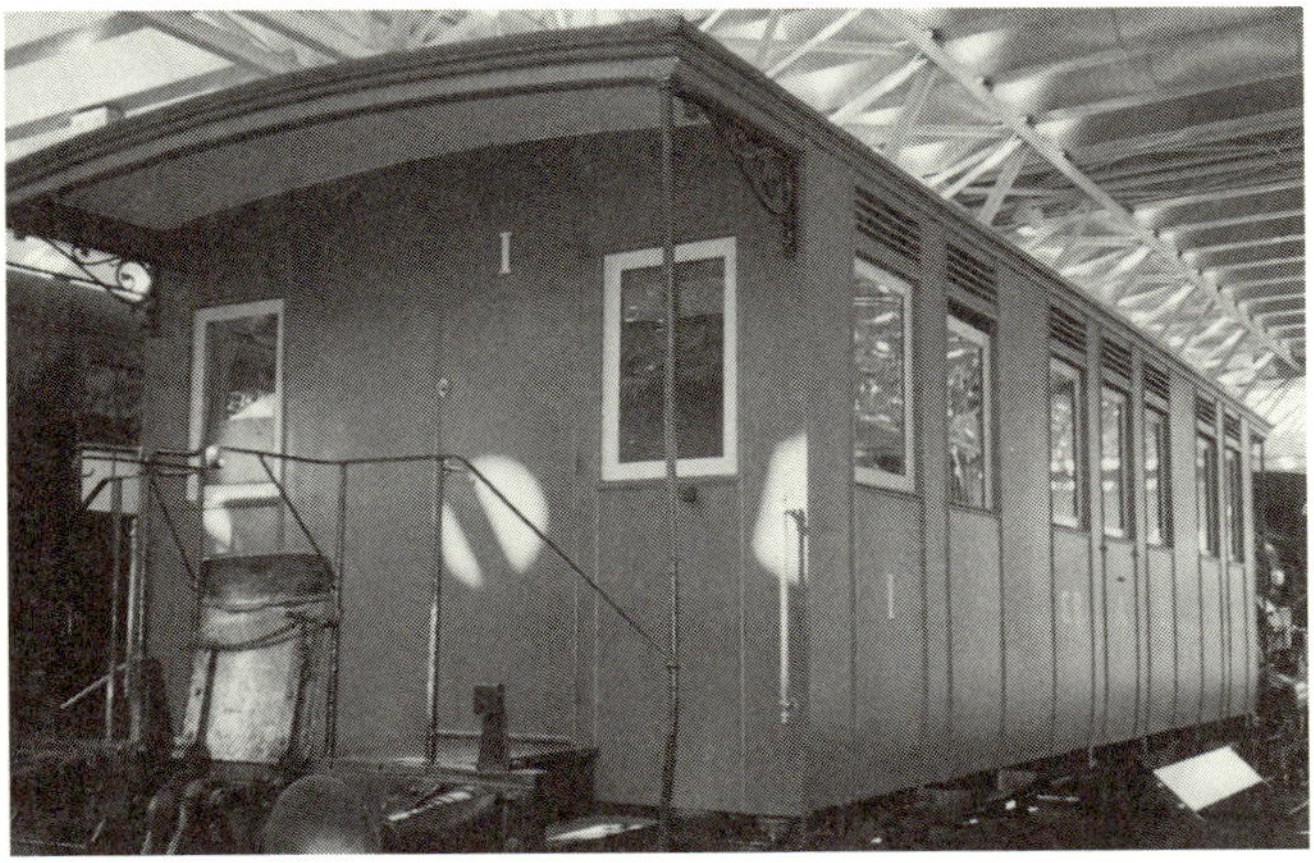
ザンクト・ゴットハルト鉄道の初代の客車（スイス交通博物館）

では、ひとは今や自分をギリシアの神々と同一視することができよう。……ギリシア人が我々を見たとしたら何と言うであろうか！」（『「われら文献学者」のための考察』）。

鉄道は、ニーチェが敬愛したヴォルテール、ゲーテ、バイロン、スタンダールなどの文人の旅行から、彼自身の旅行を決定的に区分する要素である。馬車旅行に比べ、鉄道旅行ははるかに早く滑らかで安価だった。病気なうえに裕福ではない退職教授にとって、広域にわたる恒常的な旅行生活は、鉄道がなければ不可能な行為であっただろう。

大都市の点在する平野部と異なり、スイスの山岳地帯や南フランスでは、自然的障害と政治的障害が複合した結果、鉄道開発は非常に遅れた。汽車がアルプスの峡谷や地中海に面した岩山の裾を走りはじめるのは、一八六〇年以降である。

たとえば、イタリア統一運動の過程で一八六〇年にピエモンテ・サルディニア王国からフランスに移譲されたニースに、最初の列車が到着したのは一八六四年であるが、いまだマルセイユと連結されたにすぎなかった。その後、東方に段階的に線路が延長され、ようやく一八七一年にニースはイタリア側と鉄道によって連結された。

ニーチェがスイス・アルプスと北イタリアのあいだの往復にもっぱら利用した、ザンクト・ゴットハルト鉄道の場合はどうか。アルプスを貫通するトンネルを作るのに必要な技術や資金の不足に、スイスを囲む列強やスイス国内の諸州の利権問題が絡み、その敷設計画は遅れに遅れた。まず、一八七五年、ルガノ―コモ間の第一区間区が運行したが、七七年のニーチェのルガノ滞在はこれをさっそく利用したものである。古来からアルプス越えの難所であったゴットハルト峠の克服は、技術的にはトンネル掘削に初めてダイナマイトを用いることによって可能となった。かくして一八八〇年二月にパイロット・トンネルができると、この年の一〇月には、ニーチェは避寒にジェノヴァへ向うためにゴットハルト鉄道に乗り、世界最長のトンネル（十五キロ）のなかで発作を体験している。全線の完成は、一八八二年六月。(1)

なお、シチリアやマジョーレ湖畔での保養などの際に利用されたのは船だが、帆船でなく汽船であった点に注意したい。そこには汽車の利用に準じる近代性が認められる。

まるで鉄道の辺境への発展を追うかのように、ニーチェの旅は企てられている。ちなみに、ヨーロッパ初の歯車式登山鉄道は、ルツェルンを望むリギ山（一七八〇メートル）に一八七三年に完成したフィッツナウ・リギ鉄道だが、その翌年ニーチェはこれに乗って同山を登頂し、山上ホテルに二泊していた。一八七〇年代末以降の滞在地のほとんどは、こうした鉄道開発と相関して一九世紀

エーデルワイス・ホテルの食堂

後半に飛躍的に発達した、スパ・リゾートや海浜リゾートにほかならない。

ホテル・ヴィラ・医療施設・遊歩道・公園・劇場等を備えた近代的リゾートのモデルは、イギリスのスパや海岸で一八七〇年頃に確立した（バース、ブライトン）。そしてその潮流はイギリス大西洋岸から南下し、フランスやドイツの大西洋岸に伝わり（トゥルーヴィル、ディエップ、リューゲンファルト）、内陸部の温かかったり冷たかったりするスパ（バーデン・バーデン、ヴィシー）に噴出したのち、アルプスの渓谷（サン・モリッツ、ダヴォスや地中海沿岸（カンヌ、ニース、マントン）へ到達した。

すでに一九世紀初頭からかなりの数のイギリス人たちが、避寒目的でニースに長期滞在していたのは事実であるが、それはまだ一般的行動様式とは言えない。

（1）黒澤隆文「スイス鉄道網の形成過程―一九世紀の鉄道政策と経済空間―」（森田安一編『スイスの歴史と文化』刀水書房、一九九九年）を参照。

近代的な諸施設が整備され、広くヨーロッパ各国から中産階級も含めた大量の避寒客がこの海岸へ集まるにいたるには、鉄道開通とヨーロッパの政治的安定が必要条件であり、一八六〇年代末を待たねばならなかった。ニーチェが贔屓にした小説家モーパッサンは、「初雪」（一八八三年）で、ノルマンディの富農へ嫁いで結核を病み憧れの南国カンヌへ転地した元パリジェンヌの散歩を、「牧歌」（一八八四年）では、ジェノヴァからマルセイユに向う車中におけるピエモンテ出身の農婦と工夫の逸話を描いている。

サン・モリッツの鉱泉は古代から利用されていたが、そこに最初のホテルができたのは一八五八年である。当時まだサン・モリッツに鉄道駅はなかったとはいえ、数年前チューリヒからの鉄道がクールまで到達したことが、観光地化を促したことは間違いあるまい。一八六〇年から一八八〇年までに、ホテルや別荘の増加により、サン・モリッツの建物の数は約二倍にはねあがる。近郊のシルス゠マリアは、サン・モリッツとは比較にならぬほど小じんまりとした村だが、サン・モリッツの後塵を拝するかたちでリゾート化したと思われる。少なくとも一八七三年のオーバー・エンガディン観光ガイドブックに記載が確認できる。一八七六年には、最初のホテルとしてエーデルワイス・ホテルがオープンした。ニーチェがシルス゠マリアを初来訪したのはその五年後だが、二度目の滞在時、書簡でこのホテルの食事を誉めている（一八八三年六月末）。

同様のことは、ヴェネツィアのような古都についても言える。一八四七年に鉄道橋によって本土と結ばれたことを契機に、産業拠点はメストレに移り、ヴェネツィアの経済の重心は、貿易・金融・手工業から観光業へ傾いていった。一八五七年、ミラノとの鉄道の連結、およびリド島の海水浴場の開設。一八六七年、トマス・クック社からのツアーの初来訪。一八七二年、ヴァポレット（汽船）の運行開始。そして一八八〇年、ニーチェの初来訪……。交通の発達に相関して、非現代性が観光資源へと転換するのである。

ニーチェの旅行時代は、アルプスから地中海にかけての地域のリゾート開発・観光開発の一大発展期のなかにすっぽり収まる。大半の著書の故郷は、リゾートなのだ。彼の旅行は、「漂泊」という言葉からロマンチックに想像されがちな「あてどない放浪」などではなく、交通革命とリゾートの発展に支えられた旅であり、知人やガイドブックや新聞・雑誌の最新情報を参照に細心に吟味計画された行動だったはずである。そうでなければ、ニースとヴェネツィアの六月から九月の晴天日数を表にしたり、ニースの一日の風向きと気温変化を詳述したりして、ヴェネツィアの友人にニース行を勧めることが、どうしてできようか（ペーター・ガスト宛て、一八八七年九月一四日）。本人は夏のニースを一度も体験していないというのに。

リゾートの身体

古典的教養旅行が、有名な旧蹟をたずね、歴史上の偉業や失われた高度な文化に思いをはせることを焦点として組織されていたのにたいして、リゾートへの旅は、自然的諸力から治癒効果を引き出す実践を焦点として組織される。アラン・コルバンによれば、リゾート的自然像は歴史的形成物であり、その確立と普及には、医学と美学がそれぞれの流儀で大きく貢献した。医者や衛生学者は、一七世紀半ばから徐々に、一八世紀からは一般的に、ミネラルを豊富に含有した天然水の吸収、温水や冷水あるいは波による皮膚や横隔膜への刺戟、山地や海岸に特有の大気、転地や変化に富む広大な風景のもたらす気分転換、散策や登山による体力の増強等々を、健康の回復に有効なものとして強調するようになった。一方、詩人や画家は、一八世紀半ばから、人間的規模の穏和な田園風景にかわって、無限のエネルギーを感じさせる広大な海洋・山岳・断崖の景観や気象現象を讃美するようになった。このふたつの流れが見わけがたく混じりあう合流地点に、「リゾート」は立ちのぼった——「美学の領域で海が評価されなかったならば、おそらく人々はあれほど海水浴に行くことはなかったでしょう。また逆に、大挙して人々が治療のため海にやって来なかったならば、おそらく海の美しさがあれほど評価されることもなかったでしょう[1]」。

ところで、ニーチェの書いたものを読むかぎり、ローマやシチリアなどに旅しているにもかかわらず、彼は古代史や遺跡や博物館について語るよりも風土や住環境について語ることに熱心である。古代ギリシア文化に絶大な憧憬を抱いていたにもかかわらず、ギリシア旅行を計画した形跡も見られず、前章で触れたように『この人を見よ』のなかでアテネを賞賛してはいるが、リゾート的次元においてにすぎない。これは、元古典文献学教授の反応としては非常に奇妙に見えよう。

旅行時代のニーチェの生活には、意外なほど一九世紀のリゾートの行動様式との共通点が見られる。リゾートのコードを参照にしながら、それに変形や取捨選択や補完的要素をほどこしたものが、彼の実験的ライフスタイルであると言っても過言ではないだろう。

彼は精力的に冷水浴に励む。シュタイナーバートにて――「昨日以来僕は素敵な水浴場を使って喜んでいる。それはホテルの庭園のすぐそばにあって、僕はひとりで利用している。ほかの人間どもにとっては冷たすぎるのだ。朝はやく六時には、僕はもう水浴場に入っているのだ」（カール・フォン・ゲルスドルフ宛て、一八七五年七月二一日）。ジェノヴァ近郊の海岸で春先に海水浴をしてもいる――「昨日……海辺で、ちょうどあの有名な場所で……ほら、――水浴中にあんな発作に襲われたところだよ」（パウル・レー宛て、一八八二年三月二一日）。夏以外の海水浴は、当時のコードに照らせばべつに奇行ではない。今日と異なり、海水浴は治療浴に限定されており、海水の成分のほかその冷たさの刺戟による治療効果が大いに期待されていた。夏の地中海で海水浴するほうが奇行だったのである。ただし、ニーチェの場合、通常の冷水浴と比較して、海水浴は稀な行為だ

(1) アラン・コルバン／小倉孝誠訳『風景と人間』藤原書店、二〇〇二年、五〇頁。

サン・モリッツの飲泉場（一八九〇年）

ったようだが。

彼は精力的にミネラルウォーターを飲む。クール近郊のラビウザ川渓谷で――「まず鉱泉からミネラルウォーターをコップ三杯飲む。［ホテルの］上のバルコニーに上がってアスティ産の白ワイン一本とさっきと同じようにミネラルウォーターを飲む。……それから宿のおかみさんが鉱泉の分析結果やパンフレットをたくさんくれる。最後にシュプレヒャーと名乗る宿のおやじが私をあちこちに連れ歩いてあらゆる種類の鉱泉を飲ませてくれ、まだ汲んでいない鉱泉の源の豊富さをみせて、私が興味を示すのを認めて、ホテル建設の仲間にならないかと言いだす」（一八七二年九月二八日の生活記録）。一八七九年九月のサン・モリッツで――「最後の一ヶ月はサン・モリッツで本場の鉱泉療法をやってみた、その治療の最大の利き目は冬になってはじめて出てくるという話し。こうしたプログラムをやり抜いたということは気持ちのよいことではあるが、容易ならぬことだった！」（ペーター・ガスト宛て）。当時、飲泉は入浴以上に重要かつ一般的なスパの享受形式である。そのために優美な飲泉用コップがつくられ、野外におけるその携帯はモードにさえなったというが、『この人を見よ』には、「私はいつも犬を連れて歩くような具合に小さなコップをひとつたずさえて歩く」という文章が見つかる。私たちはツァラトゥストラの以下の叫びさえも、字義どおりに聴くことができる。

私の嘔吐そのものが私に翼を創り、泉を見いだす力を創ったのだろうか？　まことに、悦楽の泉を見いだすためには、私は頂上まで飛んで来なければならなかった！——
おお私は泉を見いだした。兄弟たちよ！　この頂上には私のための悦楽の泉が湧いている！そして賤民がともに飲むことのないような命がある！
悦楽の湧水よ、お前のほとばしりは、私にはいささか強すぎる！　お前は杯を満たそうとあせり、すでに満ちている杯を空にしてしまうのだ。（『ツァラトゥストラはこう語った』第二部「賤民について」）

彼は種々の食餌療法を実験する。一八七八年のバーゼルにおける、フルーツと豆スープを中心とした自炊。一八七九年夏、サン・モリッツでの自炊——「胃のほうは、部屋で自炊（ミルク、卵、牛の舌、すもも〈干したもの〉、パン、ビスケット）しているいままでは、まったく正常です」（母親

次頁(2)エリーザベト・ニーチェ／浅井真男訳『ニーチェの生涯（下）』河出書房新社、一九八三年、一〇五頁。

宛て、一八七九年七月二一日)。一八八〇年秋、ジェノヴァにおけるジェノヴァ料理の習得。(2) ツァラトゥストラもまた薬膳の料理人である。彼が病で伏せている七日間のうちに、彼の鷲は、黄や赤のイチゴ、ブドウの房、野バラの実、香しい牧草、松毬」や「苦労して牧人たちから奪い取ってきた二匹の仔羊」を枕もとに並べる。回復した彼は、これらを用いて饗宴を開くが、王もまた料理人となってしかるべきだと説く(第三部、回復しつつある者、第四部、晩餐)。『曙光』には、彼の保養生活全体を要約する見事な一節がある――

この哲学全体はそのすべての廻り道を通ってどこへ行こうとするのか? 絶えまのないしかし強い衝動、――穏やかな太陽、明るく動きの激しい大気、南の植物、海の息吹き、肉と卵と果物の軽い食事、飲用の温泉、数日間の静かな徒歩旅行、少ない口数、まれだが注意深い読書、独りずまい、きれい好きで、質素で、ほとんど兵士のような習慣などへの衝動、――手短かに、ほかならぬ私にもっとも美味であり、ほかならぬ私にもっとも効果のあるすべての事物への衝動を、いわば理性的に翻訳する以上のことを哲学は行うのか? 哲学は根柢において個人的な養生にたいする本能ではないのか? 私の大気、私の嗅覚、私の流儀の健康を頭脳の廻り道で求める本能ではないのか? (『曙光』五五四)

彼は潔癖症である。――「私自身にたいする極端な潔癖が私の生存の前提である。不純な条件のもとでは私は死んでしまう――、私はいわば絶えず水のなかで、あるいはなにか完全に透明できらきら輝いている元素のなかで、泳いだり、水浴びしたり、ぴちゃぴちゃしているのだ」(『この人を見よ』なぜ私はこんなに利口なのか)。山田登世子は『リゾート世紀末』のなかで、一八六三年のパストゥールの細菌の発見以降、「清潔」が可視的な外観の問題を越えて、身体の内部へ侵入しようとしている不可視の汚れにたいする戦いと化し、清潔な水による皮膚の洗浄が重要視されるようになったことを強調している。(3)

彼は大散歩家である。一八七七年八月四日、ローゼンラウイバートで——「私はここで朝食前に二時間、夕食前に二時間、山の陰で散歩しておりますが、それ以外にどんなことができましょう!」(マルヴィーダ・フォン・マイゼンブーク宛て)。同所、同年八月二八日——「僕はここでしているように日に六時間から八時間散歩して」(フランツ・オーヴァーベク宛て)。一八八〇年七月一八日、マリエンバートで——「一日に十時間は散歩をし、不運な鉱泉を飲んでその効果を待ちわびている」(ガスト宛て)。散策がリゾートのメニューのなかに組み込まれていたとはいえ、この歩きっぷりは、彼を一般の保養者から相当引き離していたはずである。ちなみに、一八八四年夏にシルス=マリアで彼に会見した人物の印象は、この鍛練の成果を証するものと思われる——「彼は健(4)康に陽焼けして、ドイツの学者というよりは南フランスの貴族か、イタリアかスペインの高級将校

---

(3) 『リゾート世紀末　水の記憶の旅』筑摩書房、一九九八年、第五章。

(4) Richard Frank Krummel, *Nietzsche und der deutsche Geist*, Band II のなかで紹介されている A. Ruthard 教授の証言。小林真『ニーチェの病跡』七四頁より重引。

の平服姿を思わせ、その表情には陰鬱で魔的なところは全然なかった」。

すでに言及したように、彼は大気の質に非常にこだわる。コルバンはリゾート文化が微気候にたいする感受性を養ったと見ているが、(5)とくに彼の身体にあてはまる指摘だろう。一八八一年九月一八日、シルス＝マリアにて――「僕は、ああ、どんな月々を送ったことか！　天空の様々な変化を見ただけで、肉体が拷問の苦しみを受ける思いをした。どの雲のなかにも雷電のようなものがあって、それが僕に触れて、精神がひどいめにあい、不幸な僕を内奥まで打ちのめす思いだ。五度も僕は自分を癒してくれる死を呼んだ。そして昨日が最後になることを望んだのだ、――望んだが虚しかった。永遠の静謐なあの天空、あの僕の空はいったい地上のどこにあるのだ？」（オーヴァーベク宛て）。自分を苦しめるこの過敏さを、彼は誇りにも思っている――「いまでは私は長年の訓練のおかげで、風土ならびに気象学的な原因からくる諸影響をまるで精密確実な測定器のように感じとることができ、たとえばトリノからミラノまでのちょっとした旅行の際にもすでに空気の湿度の変化を自分の身体で生理的に算定できるようになった」（『この人を見よ』、「なぜ私はこんなに利口なのか」）。

湿度や温度や気圧以外に太陽光線のありようが重視されている点が、非常に興味深い。ほぼリゾート生活のはじまり以降、書簡や著作には、雨天曇天にたいする呪詛とともに、特定の微妙な日光の状態についての生彩ある記述が急増する。その諸例はもっぱら本章の終りと次章で引用することにして、とりあえずリゾート文化史の観点から一つの仮説を提出しておこう。ニーチェは、旅行時代はじめには、痛む眼への配慮から散歩を朝と夕に限定しているが、さきほど見たとおり、ほどなく散歩は一日中に延長された。そして永遠回帰の啓示体験の頃から、太陽の清澄な輝きの下での真昼の歩みが主題化されるようになる。この変化は、夕暮れの「漂泊者とその影」から「午前の哲学」へ、さらに「大いなる正午」へという哲学的変化として自己評価されている。

リゾート史の研究者たちは、陽焼けは醜いうえに健康を害する現象である、という考えがリゾート形成後も長らく存続したと説く。医者たちは、海水浴をするにも朝夕か日陰を勧めていた。地中海のリゾート化が大西洋岸より遅れた理由のひとつには、この強い日光にたいする忌避があったと考えられている。ただし、地中海岸の名声が大西洋岸をしのぐようになる一九世紀後半には、陽焼けはともかくとして、太陽光線の価値転換が進展したことは確かである（コルバンは結核療法の関与を指摘している）。太陽光線にかんするニーチェの嗜好の変化は、この趨勢と関連しているかもしれない。鉄道でノルマンディーや南仏やヴェネツィアへ旅行し、屋外で日光と大気を新たなスタイルをとおして表現した印象派の画家たちと、ニーチェが同世代である事実にひとはもっと注目するべきだろう。

私たちはまだ、フリードリヒ・ニーチェのリゾート生活を外側からかすめるにとどまっている。

（5）アラン・コルバン／福井和美訳『浜辺の誕生』藤原書店、一九九二年、六〇、一五八頁。『風景と人間』、七四頁。

その生活を組織する「意志」に迫るには、こう問わなければならない。リゾートにおいて彼の思考はリゾート生活をどのように問題化していたか？　そして同時に、どのようにみずからを主体化していたか？

西洋において、入浴文化は古代ギリシア・ローマで発達し、キリスト教による非難のもとで衰退したのち、千年以上の断絶を経て復活した。コルバンによれば、この復興をもたらした医者たちは「新ヒポクラテス主義者」であった。彼らは古代の医学書を重要な典拠とし、健康や病気を体液・水・大気・大地のバランスや循環の問題として捉え、休養・水浴・飲泉・身体に良い風土・風通し等の重要性を力説したのである（海水浴は古代の慣習にない近代的発明であるが）[6]。この知の系譜を踏まえると、古代的な「自己への配慮」の復興を志すニーチェがなぜこれほどまでにリゾート的諸実践に熱心に取り組んだのかが、かなり理解しやすくなろう。

しかも、ニーチェはある程度こうした系譜を認識していたように思われる。すでに見たように、ニーチェは一八七三年頃には、〈古代における哲学（精神）と医学（身体）の近接性―キリスト教化による精神の分離と身体の疎外―近代における身体文化の再興〉というパースペクティヴを構築していた。そのうえで彼は近代の療養を、「自己支配」を欠いた不徹底なものとして批判していた。とすると、彼のリゾート生活は、そこに「より厳しい節制」を導入することによってこの不徹底さを克服しようとする実践、として位置づけられる。おそらくニーチェは、古代的に生きようとしていたからこそ、かえって古代の名所旧蹟にたいして関心を示さなかったのだろう。

リゾートという現象をめぐる歴史意識、この歴史的現象を哲学的に完遂しようとする〈自己への意志〉が、ニーチェを一般の保養者からも、歴史上のギリシア人からも孤独に際立たせることだろう――「歴史感覚、これについてはプラトンなどすべての哲学者たちはなんらの概念も持っていないのだ」(『生成の無垢』一〇八三)。

そもそもニーチェ自身が、「感性の歴史」(そしてリゾート学ないし旅行学)の偉大な先駆者である。「存在に色合いを与えていたすべてのもの」がまだ歴史学の対象となっていない、と彼は述べ、愛の歴史、嫉妬や良心の歴史、残虐行為や刑罰の歴史、「労働や祝祭や休養の時の規則的制定」の歴史、修道院の諸経験の歴史、結婚と友情の弁証法の歴史、飲食の道徳的諸影響の歴史、等々の開拓可能性を指摘する(『悦ばしき知識』第一書・七)。

また山岳の崇高美は、以下のように、まさに保養的価値の歴史的形成に関連づけて説明される。――山岳はその克服の辛苦を想い起こさせるがゆえに、「野蛮に倦いていた」一七世紀の人々にとっては醜悪以外のものではなかったが、道路が清潔きわまりなく、警官があまるほどおり、道徳習慣が穏和となり、万事が卑小化し予期可能な時代になると、それに倦いた人々は反対に、壮大で荒々しい自然を刺激剤として求めるようになる。「この荒々しさ、剝き出しの岩山が全面的に仮借なく支配している状態、生の敵は、街路、事務所、ブティックによるわれわれの疲れを癒してくれ

---

(6) アラン・コルバン『浜辺の誕生』、一四五頁、一五七頁。

る。ただそれゆえにわれわれはこうしたものを愛しているのだ」(遺稿、一八八六年夏―一八八七年秋)。『浜辺の誕生』の附録部でコルバンが、方法論上の先駆者としてニーチェの名を挙げながら、そのリゾート生活に言及しなかったことが惜しまれる。

旅行者の等級

さらに保養者ニーチェを際立たせているのは、「旅行」という次元における思考と実践である。これもすでに述べた事柄の補説になるが、彼の「漂泊」は、「ドイツ」からの亡命であり、非ドイツないし反ドイツを見いだす冒険であり、そのことがリゾートと幾重にも結びついている。一般的な旅行の流行にたいする彼の態度は、リゾート文化にたいする場合と同様である。つまり、楽天的な讃歌をうたうのでもなければ、斬って捨てるのでもなく、そこに分散して含まれている鉱物を抽出し、鍛え上げ、固有のライフスタイルへ練成しようとする。

1　「漂泊者」が逗留したリゾートは、ことごとくドイツ帝国外（スイス、イタリア、フランス）であり、ドイツ帝国よりも南に位置し、地中海的ないし高地的な気候風土に属する。そして、その大半が非ドイツ語圏（イタリア語圏、レト・ロマンス語圏、フランス語圏）に属し、しかもコスモポリタンの集うコロニーである。ニーチェはこうした地理的特質に精神的価値を込めながら、それを書簡や作品のなかで称賛して倦むことがない。たとえば、バイロイト音楽祭の教訓とヴァーグナーからの離脱を初めて告白する重要な書簡において。ヴァーグナーの「形而上学の煙幕」と「放逸」が自分を本来の気質と才能から遠ざけ、病気に陥れたのだと述べたうえで、ニーチェはこの病からの回復を、「谷間の霧」（＝ドイツ）から「清らかな高地の空気」への移住として表象し、いまや自分は「百歩もギリシア人の近くにいる」と記す（マチルデ・マイアー宛て、一八七八年七月一五日）。「ドイツ」は、高地や南方との対比において、またおそらくは衛生学的コードに準拠して、「濁った沼地」（『悦ばしき知識』二九三）、「雲でおおわれた空、長く続く湿った寒気」（ラインハルト・フォン・ザイドリッツ宛て、一八八七年二月二四日）、「ヨーロッパの平坦地」（『この人を見よ』「なぜ私はこんなに利口なのか」）といったたぐいの負の環境として表象される。

2　「ドイツ」からの離脱は、「ドイツ」に多かれ少なかれ随伴する諸事象――ヴァーグナーとショーペンハウアーあるいはロマン主義、ナショナリズム、キリスト教（とりわけルター派プロテスタンティズム）、家族や以前の人間関係、アカデミズム（文献学、大学教育、書物の偏重）、大都会、等々――からの離脱と重ねあわされる。

家族との関係。一八八一年の著作には、非定住の自由人オデュッセウスが、故郷に定住する母親の悲嘆という「悲劇」を味わう運命をもつことを述べたアフォリズムがあるが（『曙光』五六二）、ニーチェ自身の母フランツィスカとの関係に基づいたものであることは言をまたない。ニーチェは旅行時代初期には、妹エリーザベトと定住して共同生活する計画を立てたり、妹を保養地旅行へ誘ったりしている。だが彼女が母親と結託してルー・ザロメやパウル・レーを貶め、彼の行動やキリスト教批判に干渉するようになって以降、恒常的旅行は、妹と母親から遠ざかるための有効な術策となる。

都市との関係。彼は「山々や森は都会よりはいいし、パリはウィーンよりいい」（パウル・レー宛て、一八八〇年一月末）と書いたり、ベルリン近郊の森に滞在することはできても「ベルリン自体は私にとっては住めないところです」（ルー・ザロメ宛て、一八八二年五月二八日）と書いたりしている。ただし、その歴史家としての慧眼は、自然への脱出願望が都市の発達と相補的関係にあり、都市と自然のあいだの落ち着きのない往還が近代的生活形態であるということを見抜いている（『人間的、あまりに人間的』I・第二部・二一九）。結局、「都市」は、彼にとって斥けることも受け入れることも難しい問題として残りつづけるだろう。

3　定住地なき恒常的移動は、ニーチェの旅の本質的特徴をなす。一般のリゾート保養が都会における日常に帰るための非日常にすぎないのと異なり、リゾートからリゾートへの巡回こそニーチェの日常である。そして、旅すること、旅しつづけること自体が、高く精神的に価値づけられる——「漂泊者。——ほんのいくらかでも理性の自由に達している者は、自分を地上で漂泊者以外には感じることができない、——ひとつの最終目標にむかう旅行者としてではないにせよ、なぜならそのような目標は存在しないのだから」（『人間的、あまりに人間的』I・第九章・六三八）。「われわれ近代の人間はすべて、自分たちの精神の健康のために、大いに旅行しなければならない」（遺稿、『人間的、あまりに人間的』第一巻初版のためのひとつの序文）。目的地から目的地へのつなぎという消極的身分から解放され、一次的な営みとして肯定される旅行。旅行を肯定する旅行自体が、ドイツ的定住性——「ドイツ人は要するに足を持っていないのだ」（『この人を見よ』「ヴァーグナーの場合」）——に対立するのである。

定住欲求が払拭されるわけではない、ということは明記しておこう。定住のベクトルと非定住のベクトルは複雑な弁証法をかたちづくり、ときおり美しい定住の夢を織りなす。たとえば、「私は住む家など建てないだろう（家ひとつ持たない者だということが私の幸福ともいえよう！）。けれども、是非とも建てねばならぬとしたら、私は多くのローマ人のやり方に倣って、海のなかまで突き出してそれを建てるであろう——私は海というこの怪物と、そこばくの秘事を共にしたいと切に願っているのだ」（『悦ばしき知識』二四〇）といったように。

だが、彼が望郷の念を語ることは決してない——「私たち故郷喪失者——然り！　しかし私たちは、私たちの境遇の諸利点を利用しつくそうと、そしてこの境遇で破滅するどころか、戸外の空気や力強い光の充満を私たちに役立たせようと欲する」（『生成の無垢』一三一二）。おそらくニーチェの事例は、亡命の精神史において特筆すべき事件である。ある亡命者は、風土への身体的・情動的結びつきゆえに故郷へのノスタルジーを病む。別の亡命者は、風土を軽視することでコスモポリタンとして国際的に活動する。ニーチェのユニークさは、風土に徹底的にこだわるからこそ異郷を選択する、大地を愛するからこそ、移動しつづけるというところにある。身体と環境のあいだの絶妙な平衡が実感されるつど、そこが暫定的な「故郷」となる。彼は特定の質の空気や光を享受しつづけようと欲するがゆえに、地中海岸とアルプスの高原のあいだの標高差一八〇〇メートルを周期的に上昇下降する。彼は風に棲むのだ。

Wanderungというドイツ語が「漂泊」以外に、動物の「渡り」「回遊」を意味する点に留意すべきだろう。つぎのアフォリズムでは、リゾートが、渡り鳥の飛来する小島、コロニーに喩えられている。

思索家の社会から。——生成の大洋の真中で、冒険家であり渡り鳥であるわれわれは、小舟よりも大きくはない小島の上で眼をさまし、ここでしばらくの間あたりを見まわす。できるかぎり急いで、好奇心を抱いて。なぜなら、にわかに風が吹いてきてわれわれを吹き飛ばしたり、波がこの小島を洗い去ったりして、もはやわれわれがそこにいなくなるかもしれないから！　しかしここで、この小さな場所で、われわれは他の渡り鳥を見つけ、以前の渡り鳥のことを聞く。——こうしてわれわれは、楽しく羽ばたきあい、さえずりあいながら、認識と推測の貴重な一刻をすごし、大洋それ自身に少しも劣らぬ誇りを抱き、精神の冒険を求めに大洋上へと出かけてゆく。（『曙光』三一四）

コロニーを取り囲む「生成の大海」は、部分的にはヴェネツィアを囲むアドリア海やニースを濯《あら》う地中海を意味しており、全体的には、身体が水やミネラルや風や日光と危うい戯れを演じる力のフィールドを意味していよう。不実な気象に左右される生の不安と充実、寂しさに裏打ちされたつかのまの交際の悦び、新たな冒険にたいするおののき……リゾート生活に固有の情動が凝縮された美しいアレゴリーではないか！

4　ニーチェ的旅行は、外的にも内的にも、諸国・諸地方を巡る調査と習得の旅である。

『人間的、あまりに人間的』IIの「旅行者とその等級」という断章（第一部・二二八）——ニーチェ自身の生活訓でもあっただろう——では、旅行者が五等級に階層化されている。第一、観察力をもたず「観察されるだけ」の旅行者。第二、「実際に自分で世間を観察する」旅行者。第三、観察した結果「何かを体験する旅行者」。第四、「体験したものをさらに自分のなかに取り入れて生かし、それをひきつづき携えていく」旅行者。第五、「帰宅してただちに、それを再び様々な行為や仕事のなかに必然的に発揮する」旅行者。

こうした位階秩序から、ニーチェは一種の観光旅行批判を行っている。たとえば、人々が一様に「ジュネーヴから見たモンブランの眺め」を称えるのは、彼によれば、眼の喜びからではなく一般的知識を再確認する喜びからにすぎない（前掲書・第二部・二〇一）。あるいは、「獣のように、鈍感に、汗をかきかき山を登る」旅行者が多いのは、「途中に幾つも美しい眺めのあることを彼らに言っておくことが忘れられた」からである（前掲書・第二部・二〇二）。では、ガイドブックが途中の眺めに言及していたらどうなるか？　やはり彼らは依然としてニーチェに観察されるだけの第一の旅行者にとどまることだろう。

ニーチェによれば、上級の旅行者になればなるほど、地理的な旅は、ある内的な歴史旅行と交錯する。

ところでしかし、必ずしも数千マイルをところどころ遍歴して足を運ぶことを必要としないもうひとつの、いっそう洗練された旅行術と旅行目標が存在する。つまり、非常に高い確率でいえることだが、最近三百年間の文化は、そのあらゆる色彩と光の屈折のまま、われわれの身近にもいまなお生きつづけているのだ。それは発見されるのを待っているだけである。多くの家族のなかに、それどころかひとりひとりの人間のなかに、いまなお歴史の断層が美しくまた判然と重なりあっているのだ。もっとも別な場所では岩石は比較的わかりにくい断層をなしているが。確かに、辺鄙な地方、ひと知れぬ山峡、閉じ込められた村落のほうに遙かに古い感情の尊い見本がいっそうたやすく保存されえたのであって、またこういうところにこそ、こうした見本が探索されるべきである。［……］こういう旅行術の長い修練をへたのちに、百の眼をもつアルゴスとなった者は、ついに彼のイーオー——私のいう意味は彼のエゴである——にどこまでもついてゆくだろう。そして、エジプトやギリシア、ビザンチンやローマ、フランスやドイツに、民族移動の時代や民族定住の時代、ルネサンスや宗教改革の時代に、また故郷や異郷に、それどころか海、森、草木、山地にも、この生成し変身するエゴの冒険の旅の痕跡を再発見することだろう。——かくして自己認識は、過去の一切にかんしての総体認識となる。
（『人間的、あまりに人間的』II・第一部・二二三）

ここでは自我《エゴ》が、現在と異質な諸層から構成された風景、地質学的・考古学的風景と見なされている。そして反対に、外部の風景に、異なった時代と場所における自我の痕跡が読みとられる。古代ギリシア神話において、純白の牛に生成した巫女の名「イーオー」、狂乱しながら放浪し、ギリシアの岸辺からアフリカの岸辺へと地中海を渡って、ふたたび人身に生成したこの牛の名「イーオー」の反響を、ニーチェは「IO（私）」（イタリア語）や「EGO（自我）」のうちに聴き取っている。ちなみに「アルゴス」とは、嫉妬深い女神ヘーラーの命にしたがってこの牛を監視したという百の眼をもつ巨人の名前である。引用部分に先立つ部分では、「直接的に自己観察を行っても、およそ不充分」であり、自己認識には「歴史が必要である」と記されている。自己を歴史的に認識する旅というプログラム。複雑な歴史を折り畳んだ多様体としての自我を認識するには、観察する眼そのものが複眼化しなければならぬらしい。

ニーチェは歴史的眼差しの出自自体を、この種の地質学的・考古学的風景の近代的様相のうちに見ている。

俳優。――歴史的感覚。これについてはプラトンなどすべての哲学者たちはなんらの概念ももっていないのだ。しばしのあいだ、ある他人の魂を受け入れるということは、一種の俳優演技である。それは大規模な種族混合や民族混合の結果であって、この混合によって各人のうちには、かつてあった一切のものの一片があることになる。――認識の領域での、芸術家的感覚。それと同時に弱さとか、統一の欠如とかのひとつのしるし。(遺稿・一八八四年夏―秋)

近代とは、自我の地層が厚さを増す一方で、断層や褶曲や崩落によりそれが極度に断片化し混合した時代である。この現実から近代人は歴史を内的に感覚する体質をさずかっている。「大規模な種族混合や民族混合」、すなわち交通の発達が、諸時代の断片を演じなおすような旅行を可能にする。かくして近代人は、感性そのものが歴史的に変化するということさえ感覚しえるようになる。これは古代にたいする近代の特権である。古代を演技できるということにおいて、近代人は古代人から差異化される。けれども、この特権は、「統一の欠如」という近代特有の「弱さ」と表裏の関係にある。

ところで、この自己意識と歴史意識は、私たちにとって――またニーチェ自身にとっても――手ごわい問いを発しよう。自我が異質な様式をもった断片の複雑な混成体であるとすれば、それは「自己支配」というニーチェの目標にとって最大の障害となるのではないか？　自己を構成する過去からの離脱ははたして可能なのか？「自己支配」とは、それを克服する企てなのだろうか？しかし、それはどのようにすれば可能なのか？　自己への配慮を強化し、自己へ回帰しようとすればするほど、自己は分裂し迷宮化してしまうことになるのではないか？　そうだとすれば、観察したものを体得し、仕事をとおして「必然」として表現するとは、いったいどういうプロセスを意味するのだろうか？

ドイツ人、フランス人、ユダヤ人

ニーチェにおけるフランス人とユダヤ人の再評価は、旅行をとおした文化史の探査の実例である。正の側にあったドイツ人の評価が負の側へ下降するのと反比例して、負の側にあったフランス人とユダヤ人の評価は正の側へ上昇する。

『悲劇の誕生』では、フランス文化は、土着文化に根ざさない模倣的で混成的な文化、抽象的で空虚な文化とされ、古代ローマ文化に重ねられ、それにたいして古代ギリシア文化およびドイツ文化が真正な文化として称揚されていた。ところが一八七九年以降、フランス文化は、古代ギリシア・ローマ精神の復活であり（古代ローマの再評価をともなっている）、イタリア・ルネッサンスの課題の継承であると再評価される（『人間的、あまりに人間的』II・二一四、二一六）。反対に、ドイツは、宗教改革によってルネッサンスの発展を損なった犯人、借り物の諸様式が雑多に未消化のまま収まっている無趣味な胃袋へと転落する（『この人を見よ』ヴァーグナーの場合）。

ニーチェはフランス文化のどういう点を評価しているのか？　何よりもまず、モンテーニュ、ラ・ロシュフーコー、ラ・ブリュイエール、フォントネル、ヴォーヴナルグ、シャンフォール、あるいはデカルトやパスカルに代表される、モラリスムの伝統である。ニーチェはそこに「ストア的な偉大な古代ローマ精神の復活」を見る。具体的には、「厳しい自己吟味」をとおした現実的な

「心理学」(ドイツ人の曖昧で空想的な観念論・理想主義の反対物)と、それを表現する明るく繊細で優雅な文体ということであるが、「自己支配」の主題がここでも登場している点に着目しておきたい。

古代ギリシアにはない、宮廷の恋愛文化に起因する「エスプリ」についても、もし古代ギリシア人たちがそれに接したとしたらそれを愛したことだろうとニーチェは述べる(『人間的、あまりに人間的』II・二一四、『この人を見よ』ヴァーグナーの場合)。さらに、非ギリシア的であるにもかかわらず評価される要素として、「北方と南方の半ば成功した総合」(『善悪の彼岸』二五四)も挙げられている。

フランス文化にかんして、ニーチェが批判する要素もあるにはある。「博愛」と「平等」の理念に基づく革命思想(ルソー、ロベスピエール、ユゴー)と、末期ロマン主義のデカダンの美学(ボードレール)である。けれども、これらは本来フランス的なものではなく、前者はイギリスの影響により、後者はドイツの影響による、と解釈されている。

逆に、ドイツ文化にかんしても肯定的に評価されるものがあるが、それらは「ドイツ的」だから優れているのではなく、フランス文化やその他の文化の学習や継承によって優れているのだ、と解釈される。たとえば、ゲーテとシラーの道徳主義は、ルソーとフランスをとおしたストア的ローマに由来する(『人間的、あまりに人間的』二二六)。たとえば、「ドイツの音楽家と言われている人々、そのなかでも特に最大の音楽家と言われている人々は、みんな外国人、つまりスラブ人、クロアチア人、イタリア人、オランダ人か——さもなくばユダヤ人である」(『この人を見よ』なぜ私はこんなに賢いのか)。偉大なドイツ的なるものという観念を、ニーチェは過去の功績にかんする子孫たちの過った説明と解釈する。すなわち、祖父の功績はフランス文化やラテン文化の恩恵にあずかっていたという事実が、孫たちによって自分たちに都合よく忘れられ、「ドイツ的なるもの」がその唯一の原因として悠久の過去に仮想された、というのだ(『人間的、あまりに人間的』前掲箇所)。

ニーチェの身近には、強度の反ユダヤ主義者たちがたむろしていた。ヴァーグナーとその妻コジマは公然たる反ユダヤ主義者であり、ヴァーグナーには、ユダヤ人の拝金主義と反芸術性を説く「音楽におけるユダヤ性」(一八五〇年)なる論文がある。バイロイト祝祭劇場の機関紙「バイロイター・ブレッター」は、頻繁に反ユダヤ主義のプロパガンダを掲載していた。エリーザベト・ニーチェは、一八八五年五月二二日(ヴァーグナーの誕生日)、ヴァーグナー信奉者で反ユダヤ主義者のベルンハルト・フェルスターと結婚し、翌年、「新ゲルマニア」というアーリア人種の植民地を開拓すべく夫と共に南米パラグアイへ移住した。同様に、ニーチェの出版者シュマイツナーも反ユダヤ主義者だった。

そして初期のニーチェ自身もまた反ユダヤ主義であり、それはヴァーグナーの路線に沿った性質のものだった。彼はユダヤ性を、「ゲルマン人の生活の厳粛さ」「ドイツ的な彫の深さ」を害する今日的な「喧噪」として否定的に捉え、ヴァーグナーとショーペンハウアーをこれ**にたいする**防波堤として称揚している(ヴァーグナー宛て、一八六九年五月二二日、カール・フォン・ゲルスドルフ宛て、一八七〇年三月一一日)。これはフランスないしロマン文化のドイツへの浸透にたいする批判と基本的に同質であり、実際、一八七一年六月二一日のゲルスドルフ宛て書簡には、「古代ゲルマンの健全さ」に対置されるかたちで「フランス系ユダヤ人の浅薄化と『粋』」「『現今』の貪欲な営み」という表現が見られる。

押さえておかねばならないのは、こうしたユダヤ人批判が個人的経験に根ざした言説ではなく、歴史的な潮流に棹さした言説であるということである。ユダヤ人差別は宗教的対立を根拠に中世から存在するが、一九世紀半ばからヨーロッパ諸国、とりわけドイツで目立つようになる反ユダヤ主義は、伝統的なユダヤ人差別とは一線を画する。そこで問題化されるのは、キリスト教とユダヤ教の差異以上に、「ゲルマン人（アーリア人）」と「ユダヤ人」という民族的ないし人種的差異であり、この差異の文化的ヒエラルキーとの関係である。ヴァーグナーの反ユダヤ主義は、典型的にこの問題圏に属する。そして、こうした反ユダヤ主義の形成と普及の歴史的背景をなすのは、「民族＝文化」を根拠としたナショナリズムである。それは必然的に、単一民族の単一文化という虚構からはみでるネガティヴなカテゴリーを分泌し、そこに一切の問題をなすりつけて済ませようとする。この自己欺瞞は、ドイツ帝国成立以降一挙に顕在化し、公的な場に堂々と登場した。「バイロイター・ブレッター」やオイゲン・デューリングの著作は、その一例にほかならない。

だからこそ、ドイツ的ナショナリズムにたいする批判と同時にニーチェのユダヤ人観が変化し、反ユダヤ主義批判が登場するのは当然のなりゆきというべきなのだ。『善悪の彼岸』のアフォリズム二五一番で、ニーチェは、自分もドイツの風土にいた時期「反フランス主義」とか「反ユダヤ主義」という伝染力の強い「国民的神経病」に罹っていたと告白し、さらに皮肉たっぷりに「陽気なドイツ人贔屓」を開陳する。ドイツ人がそろってユダヤ人を排斥するのは、ドイツ人が若い「〈国民〉」であり、「〈自然に生まれたもの〉というよりむしろ〈人為的に作られたもの〉」、しかも「〈虚構され描かれたもの〉」であり、極めて虚弱な虚構だからである。しかし、遙かに強い民族であるユダヤ人をこれ以上刺戟すると、彼らが決起してドイツ人を征服することになるのは確実だから、いまのうちに「この国の反ユダヤ主義の泣き虫どもを追放することが、おそらく有益でもあり至当であろう」と。

ディアスポラ以後のユダヤ人が、「国民」とは別種の民族性を幾多の苦難にもかかわらず二千年にわたり堅持してきたことは、ニーチェを感嘆させる。その一方でニーチェがユダヤ人批判を記しているのは確かである。けれども、それは以前の批判とはまったく異質な批判であって、ユダヤ教がキリスト教と共通してかかえているルサンチマン、すなわち生の価値への呪詛に矢が向けられている(『道徳の系譜学』第三論文・二二、『反キリスト者』二四―二七)。

以上のようなフランス人再評価やユダヤ人再評価は、決して以前のヒエラルキーのたんなる形式的な反転――辛党だった人物が甘党になったというような――ではない。ニーチェは評価の視点を「ドイツ人」の外に設定することをとおして、「ドイツ人」のセルフ・イメージの自己欺瞞を暴き、「ドイツ人」というカテゴリー自体をぐらつかせているのである。

フリードリヒ・ニエツキー

しかし国民や民族の比較論議には、逸脱や変化を封殺しかねない危険性がどうしても潜む。ナショナリズムを批判するために組立てられたにもかかわらず、反対にそれを補強する反動的装置としてはたらき、ニーチェ自身の離脱の旅を制限する可能性すらあろう。

ところが、ニーチェの面白いところは、ドイツ批判とフランス讃美にもかかわらず、彼がフランス人と同一化しようとする方向へも、出自の宿命的不幸をかこつ方向へも落着せず、第三の（あるいは第四、第五の……）道の創造にまで行ってしまうことである。おそらくそれはまた、彼がパリやベルリンやローマといった国家の首都を避け、国境周辺を回遊することに対応してもいよう。

ニーチェ家には、ニエツキー（Nietzky）伯爵という亡命ポーランド人貴族が先祖であるという言伝えがあった。実証研究によればこれは史実ではないのだが、ニーチェはしだいに「ポーランド系ドイツ人」と誇りをもって自称するようになる。怪しげな家伝の賦活の背後には、脱ドイツ志向とともに、国際的リゾートという環境が透けて見える。一八八三年の彼の遺稿から――

私のなかのドイツ人の血統は、エーラー家出身の母とクラウゼ家出身の父方の祖母のみに由来している。それでも私には、自分が一切の本質的な点ではポーランド人のままであるかのように思われたのである。私の外貌が今にいたるまでポーランド人の典型であることは充分裏づけられている。スイスでもイタリアでも、外国では私をポーランド人だと思って話しかける人がしばしばいた。冬に滞在したソレントでは、私は土地の人々のあいだで、「ポーランド人《イル・ポラッコ》」で通っていた。とりわけマリエンバートである夏をすごしたおりには、私は何度か奇妙な具合に自分のポーランド的本性を想い起こさせられた。ポーランド人が私に近づいてきてはポーランド語で話し挨拶されたり、知人と見まちがわれたりしたのだ。ある人などは、私がポーランドにかんする一切を否定してスイス人だと自己紹介すると、かなりのあいだ悲しげに私の顔をつくづく眺めていて、最後にこう言った、「今でも古い血統があるものです。だがその心は変わってしまった」と。私が子供の頃作曲した小さなマヅルカ集の標題は「われらの先祖の思い出に！」となっていた。私は彼らを記憶していたのだ、さまざまな偏見において。

ポーランド人から同胞と誤解されるエピソードは、実際、一八八〇年八月に彼がマリエンバートから書いた手紙にも記されている。また、一八八八年四月にデンマークの文学史家ゲオルグ・ブランデス（彼がユダヤ人であることを理由に、エリーザベトは兄の彼との交際をとがめた）に宛てた「履歴」には、「先祖はポーランドの貴族（ニエツキー）であり、［……］外国では一般にポーランド人として通り、この冬もニースの外国人名簿にはポーランド人のごとしと記入されました。私の頭部はマテイコ[1]の絵のようだと言われます」とある。ポーランド性は、容貌だけでなく音楽の問題にもかかわる。一八八四年四月のニースからの手紙は、ポーランド人詩人ミキエヴィチとの出会いを、ショパンを聴く喜びに重ねながら語っている。

　ポーランド人先祖説を賦活したのがニーチェの反ドイツ主義であったことは言うまでもないが、そこにはさらに、この伝説的先祖が貴族であること、亡命と放浪の人であること、そしてポーランドのマイナー性が作用していたのかもしれない。ポーランドは、近代国民国家になる以前に、プロイセンとロシアとオーストリアの三国によって三度にわたり分割され、地図上から抹消された国である。(2)当時のポーランド人は、この点でユダヤ人と共通性をもっていたといえる。

　ニーチェは、ファミリー・ネームばかりか、ファースト・ネームまで脱ドイツ化してしまう。フリードリヒ・ヴィルヘルム四世にちなむ「フリードリヒ」という国粋主義的名前を、なにひとつ損なうことなく手品のように、コスモポリタン的名前に変身させてしまうのだ。

　一八八五年四月-六月のノート――。ドイツ人の秘められた可能性を過去に探り、ゲーテやモーツァルトと共に、「フリードリヒ大王」と「あのもっと偉大なフリードリヒ、あのホーエンシュタウフェン家のフリードリヒ二世」を想起している。前者は、プロシアの啓蒙専制君主として有名なホーエンツォレルン家のフリードリヒ二世（在位一七四〇-一七八六年）。大王はヴォルテールの啓蒙思想を奉じ、フランス的な学芸を奨励し、膨大な哲学的著作をものした。後者は、ドイツ、ブル

（1）　Jan Matejko（1832-1893）。ポーランド人画家。
（2）　『この人を見よ』「なぜ私はこんなに良い本を書くのか」には、「ポーランド人はスラブ族のなかのフランス人と呼ばれるが、これはまんざら理由のないことではなさそうだ」という評価も見られる。

ゴーニュ、イタリアにまたがる神聖ローマ帝国の皇帝・フリードリヒ二世（皇帝在位一二二〇－一二五〇年）。ノルマン・シチリア王家の血を引くこのフリードリヒ二世も文武両道に優れ、敵対するローマ教皇軍を撃破したことや、巧みな外交を通じてエルサレム王ともなったこと、シチリア王を兼ね、高度な宮廷文化を築いたことなどで名高い。地中海の文明の十字路シチリアで養育された関係から、彼はドイツ語・イタリア語・フランス語・ラテン語・ギリシア語・アラビア語を自由にあやつり、シチリア王即位以降はもっぱらシチリアと北イタリアに居住し、イスラムの学者を含む文化人を手厚く保護して異文化交流を促した。王自身も学芸に明るく、『鷹狩りの書』を著している。また、サレルノ医学校で衛生学に接した王が、中世では例外的なことに入浴を日課としていたという逸話や、オリエント風のダンサー・チームを擁していたという逸話があるが、ニーチェが知ればまちがいなく気に入る事柄だろう。

ニーチェはこの神聖ローマ皇帝について、「本物のドイツ的メフィストフェレスはアルプスを越え、そこにあるすべてのものを自分のものだと信じる」と評し、さらにドイツ人のメフィストフェレス的性格一般については、「生まれつき二つの魂をもち、その間にはいくつもの隘路と連絡路がある」と述べている。つまり、ニーチェはここにも「北方と南方との半ば成功した総合」を見いだしている。そして、これは彼自身の旅行術の解説ともなっている。『この人を見よ』のなかには、「申し分なく（*comme il faut*）無神論者にして教会の敵なる人物、私のもっとも近い血縁のひとり、すなわちホーエンシュタウフェン家の偉大な皇帝フリードリヒ二世」という文言がある。一八八二年春のニーチェの突然のシチリア行のモチーフのひとつは、シチリア王フリードリヒ二世への共感だったと推量する。当時ニーチェは、中世プロヴァンスの吟遊詩人《トルバドゥール》に強い関心を寄せていたが、フリードリヒ二世の宮廷にはそうした吟遊詩人が集っていた。メッシーナに滞在中、ニーチェは自分をトルバドゥールに擬して詩作に耽り、できあがった詩群を「メッシーナ牧歌」と銘打って雑誌に発表した(3)。

要するに、〈起源的で純粋で等質なドイツ〉という幻想を斥け、ドイツの混成性という自己の歴史的現実を直視し、さらにドイツを非ドイツと巧妙に交配する実験のうちに、ニーチェはドイツの唯一の可能性を見いだしているのだ。もっとも、この可能性の条件は、ドイツ人を「ドイツ」の幻想にかりたてる条件と同一である。そしてじつは、程度の差こそあれ、これは近代のヨーロッパ全体の条件でもある。

事柄の困難さをもっとも率直に呈示していると思われるテクストを読んでみよう。諸民族の混淆が進む「解体時代の人間」は、種々の由来をもった「衝動や価値基準」を体内に蔵しており、それらは互いに矛盾し敵対しあう。大多数の人間は、この内的苦しみを誤魔化そうとして、「休息、安泰、飽満、終局的な統一」といったキリスト教的な鎮静剤に手を伸ばす。だが、問題に真に取り組む生き方がありえる。「このような人間の内の対立と戦いが、むしろ生の刺戟やくすぐりとして作用し、――他面において、それら強力で和解させがたい衝動に加えてさらに、自己と戦うことにかけての真の名人芸的老練と巧妙さが、つまり自己制御や自己瞞着の才が遺伝され育成されるならば、

(3) 一八八六年に「プリンツ・フォーゲルフライの歌」と改題され『悦ばしき知識』の附録となった。

そのときにはあの妖魔的な捉えがたく不可解な人間、あの勝利者にして誘惑者たるべく運命づけられた謎の人物が生まれるであろう。こうした人物のもっともすばらしい例証は、アルキビアデスとカエサルであり（――これに、私の趣味からすれば、かの最初のヨーロッパ人であるホーエンシュタウフェン家のフリードリヒ二世を加えたい）、芸術家のなかではおそらくレオナルド・ダ・ヴィンチであろう。このような人間は、あの安静への渇望をいだいた虚弱型の人間たちが前景に現れてくるのとちょうど同じ時代に、出現するのである。これらふたつの人間の型は相関関係にあるのであって、同一の原因から生ずるのである」（『善悪の彼岸』二〇〇）。

ここで「自己瞞着の才」と呼ばれているのは、問題から眼をそらす虚弱な人間のそれではなく、生を活性化する積極的な「俳優演技」、仮面を創造的に用いる技法のことではないだろうか。たとえば、「フリードリヒ・ニーチェ」の名を偽名へ転換するといった……。先走って記しておくが、名前の多重化、仮面の創造、分身化は、ニーチェが熟練するにいたる生の技法なのだ。

リゾートのノマド

ともあれ今や、真に求められるべき路が、ドイツ人がフランス人になることでも、フランス人がフランス人であることに満足したりすることでもなければ、性急にギリシア人たろうとすることでもなく、「国民」の呪縛から身を引き離し、現在の諸条件を利用しながら、「良きヨーロッパ人」となることである、ということがはっきりする。

ヨーロッパ人、そして諸国民の廃止。――商業や工業、書物や手紙の交流、あらゆる高級文化の共通性、住居や土地の速やかな交換、あらゆる非地主の現代的遊牧生活――こういう状態は必然的に諸国民の、すくなくともヨーロッパ諸国民の弱化を、しまいには廃止を伴ってくるのであり、それで彼らすべての者から、不断の交錯の結果、ひとつの雑種が、ヨーロッパ人という雑種が生じるに違いない。今はこの目標を、意識的にまたは無意識的に国民的敵意の醸成による諸国民遮断の動きがはばんでいるが、しかしそれでもこの混合の歩みは、この一時的逆流に抗して徐々に前進していく。そのうえこの人為的国民主義は、かつて人為的カトリシズムが危険であったのと同じほど危険である。なぜなら国民主義は、その本質において、少数者から多数者の上に下された圧制的な緊急・戒厳の状態であり、自分の威信を保つためには、策略・虚言・暴力が要るからである。よく言われるような多数者（諸民族）の利害ではなく、何よりもまず一定の王朝の利害が、ついで商業や社会などの一定の階級の利害がこの国民主義へと人をかりたてている。このことを一度認識したなら、人ははばかることなく自分が良きヨーロッパ人たることを宣明し、行為によって諸国民の融合に努めるべきである。その際ドイツ人は、諸民族の通訳や仲介者であるという昔からの定評ある特質によって力添えすることができる。ついでに言うと、ユダヤ人の問題全体は国民国家の内部にのみ存在する。ここではあらゆるところで彼らの行動力のたくましさや、いっそう高い知性、長い苦悩の学校で代々積み上げられてきた精神や意志の資本などが、妬みや憎しみを呼びさますほどまで優勢となるに違いないからであり、その結果ユダヤ人をおよそありうる公共的および内面的な不都合のスケープ・ゴートとして屠殺台へ引き立てるという文学的悪習が、ほとんどあらゆる現代的諸国民において——しかもこの諸国民がまた国民的身振りをすればするほど——広まっているからである。もはや諸国民の保存ではなく、できるだけ力強いヨーロッパの雑種育成が問題となるや否や、ユダヤ人は成分としてなにかある国民的残存物と同様に有用な望ましいものとなる。（『人間的、あまりに人間的』I・四七五）

「良きヨーロッパ人」とは、自明な存在ではなく、「ヨーロッパ」を超克するプロセスにおいてのみ成立する創造的運動である。[1] ふたりのフリードリヒ二世は、「諸民族の通訳や仲介者」としてのかつてのドイツ人の代表者なのだろう。現代において、第三のフリードリヒはどのように彼らを継承しようとしているのか？

その失敗した企ては、結婚による雑種の育成だろう。『人間的、あまりに人間的』を書いている頃の「自由精神の十戒」と題された覚書には、「汝の妻を自国の民とは別の民からめとるべし」とある。ニーチェはすでに一八七六年四月ジュネーヴでマチルデ・トラムペダハという名のオランダ人音楽家にプロポーズし、あっけなく断られていた。また、その翌年、ソレントに滞在していた彼は、イタリア人の結婚相手を虚しく探した。そして、周知のように、一八八二年四月から五月にかけて、彼はロシア人女性ルー・ザロメに二度もプロポーズするが、二度ともはっきり断られた。その後、彼が妻を求めた形跡はない。

「自由精神の十戒」には「汝、真実を語りえんがために、流浪をよしとして選びとるべし」とも記されている。「雑種育成」のためにニーチェが徹底的に推進できた企ては、「現代的遊牧生活」の一形態として哲学的転地療法を実践することであり、さらにその成果を「書物や手紙」にし、国や時間の境界を越えて送付することにほかならない。逆に言えば、ニーチェは当初から自分の旅行生活を、交通革命と民族の大規模な混合という世界史的パースペクティヴのもとに価値づけていたということである。

その際リゾートという環境は、積極的な意義を帯びたはずである。一八八四年秋から翌年初頭にかけての手帖（書かれた場所はシルス＝マリアかニースになる）には、「われわれは何を得たか？

---

(1)「良きヨーロッパ人」の遊牧民性については『善悪の彼岸』第八章・二四二も参照されたい。

確認したか?」と題された覚書が記されている。そこでは「私の住所」として「a エンガディン」と「b ニース」が挙げられ、さらに以下のようにある——

c この二つの土地は私の課題にふさわしい。ニースはコスモポリタン的、シルスは高山的

(この二つの場所を私に関する印象に役立てるべし——)

基本的に——ドイツには住まない。ヨーロッパ的使命があるから

——大学とはかかわらない——

——私の先駆者であるショーペンハウアーとリヒャルト・ヴァーグナーはヨーロッパ的運動であったことが確証される。

おそらくこの二つの場所での教育活動が可能。

まず見つけるべきものは何か?

隠遁。保養地。鎮静剤。

ニーチェのリゾートは異国にあるだけでなく、諸民族・諸国民が交わるコスモポリスでもある。一八八二年冬にニースへ療養に来たあるロシア貴族の女性は、日記にその印象をこう書いている——「冬になると社交界の人々がやって来る。そして、彼らとともに、にぎわいが、もはやニースでなく、小パリになる」(2)。ニースはその最たる例だが、程度の差こそあれ、ヨーロッパのリゾート

は、つねに療養と社交が交錯する場所として社会的に機能していた。

「名声あり権勢ある者たちを避けるべし」という戒が「自由精神の十戒」に含まれていることからもわかるように、ニーチェは孤独を堅持するために華やかな社交を避けていた。けれども、ホテルや下宿・散歩・鉄道旅行・汽船旅行・馬車旅行などにおいて出会った様々な国籍や民族の、様々な身分や職業の、旅行者や住民との慎ましい交際を、彼が楽しんでいたという事実も軽視できない。バーゼル時代と比べて交際の量は減ったことだろうが、交際の多様性は増したはずである。彼にとって、リゾート（トランジット・スペースも含めて）とは、ときに「渡り鳥たち」が「羽ばたきあい、さえずりあいながら、認識と推測の貴重な一刻をすごす」社交場でもあった。一八八四年四月七日にニースからオーバーベクへ宛てた手紙に、彼は「もしかしたらここで僕がまったくの『日陰者』でないような社交をつくりあげることもできるだろう」と書き、下宿人たちとの交際を報告している——「あらゆる実際的な事柄で僕の忠告者」であるプロイセンの老将軍とその娘、毎日二時間、英語文献を訳してくれるアメリカ人牧師の老女史、アルベルト・ケリヒンとその夫人、ザロメやマルヴィーダ他と親交のあるチューリヒの女子学生……。そして、数カ月後の覚書からは、彼がそうしたささやかな社交になんらかの手ごたえを感じ、それを「良きヨーロッパ人」育成のための「教育活動」の場に組織しようとさえ考えていたことがわかる。この時期にシルス＝マリアからペー

(2) Marie Blanshkirtseff, *Journal de Marie Blanshkirtseff*, Ed, Mazarine, 1980, p. 27.（山田登世子『リゾート世紀末』一〇〇頁より重引）。

ター・ガストへ宛てた手紙（一八八四年九月二日）のなかで、この構想は具体的に語られている――「ニースでは、このように『悦ばしき知識』を信ずる小さな、すこぶる気持ちのよい集会がもてるだろうという希望を、僕は未来のために持ち歩いている。僕はね、心のなかでは、この新しい結社への聖職任命のための刀礼を第一人者としての貴兄に授けているのだよ」。

ところで、「現代的遊牧生活」という表現の傍らに「渡り鳥」が羽を休めるならば、これはさらにニーチェ的なアレゴリーへ展開するだろう。そこには、気難しい動物＝生をなだめすかしながら、適した草地を求めてヨーロッパの南斜面を周期的に上下する遊牧民《ノマド》の姿が見えるではないか。

第三章　足の思想

マイナー文学

リゾートで外国人保養客として生活することは、大都市で普通に生活する以上に密度の濃い多言語空間を生きることを意味する。保養者各人の話す互いに異なった自国語、住民の母語、そしてホテルやレストラン等の施設や遊歩道で人々がコミュニケーションのために交わす、訛っていたり文法がまちがっていたり簡素だったりするメジャー言語……。スイス、イタリア、フランスで生活したニーチェは、しばしばイタリア語やフランス語を話したり読んだりすることを強いられたはずだ。プフォルタ高校でフランス語や英語を学んでいたとはいえ、また古典文献学者としてロマンス諸語のマトリクスであるラテン語に精通していたとはいえ、異言語圏で生活するには、やはり相当の学習が必要だったに違いない。

けれども、ニーチェはこうした言語環境を「ドイツ」からの解放の契機として受け入れただろうと、私たちは想像する。スイス・ドイツ語を耳にして「自分はドイツ人のなかで暮らすよりも、スイス・ドイツ人のなかで暮らすほうがいいと感じた」と語るあの書簡（マイゼンブーク宛て、一八七七年四月二五日）のなかで、すでにニーチェはこんな異言語体験まで楽しげに報告していたではないか――「ジェノヴァからミラノまでの旅のあいだはずっとミラノ劇場のすこぶる感じの良い若いバレリーナと一緒でした。Camilla era molto simpatica（カミーラはとても素敵だった）――あなたに私のイタリア語をお聞かせしたかったですよ！」。

ノマド化したニーチェの読書生活のなかには、新たにイタリア語やフランス語やその他の言語のテクスト（ドイツ語訳もあるが）がどっと入ってくる。マキアベリ、ジョルダーノ・ブルーノ、アベ・ガリアーニ、レオパルディ……、ラ・ロシュフーコー、パスカル、ラ・ブリュイエール、フォントネル、ヴォーヴナルグ、シャンフォール、ヴォルテール、ド・ブロス、ルソー、ディドロ、スタンダール、ミシュレ、バルザック、メリメ、ジョルジュ・サンド、サント＝ブーヴ、テオフィル・ゴーチエ、ゴンクール兄弟、ボードレール、フロベール、ルナン、テーヌ、モーパッサン、ポール・ブールジェ、ロティ、アナトール・フランス……、エマーソン、ポー、マーク・トゥウェイン、……さらに、ショーペンハウアーやドストエフスキーのフランス語訳まで（「とくにドストエフスキー（フランス語訳で、ドイツ語訳ではないんですよ！）を私は最大の鎮痛剤のひとつとしているのです」ゲオルク・ブランデス宛て、一八八八年一〇月二〇日）。

フランスの作家が多いのは、ドイツ語書籍よりもフランス語書籍のほうが入手しやすかったという事情も少しは関与していようが、もっぱらフランス文学・フランス文化を高く評価するからである。時を同じくして、ニーチェ自身の書き物のなかにも、フランス語やイタリア語やラテン語の単語や固有名詞や文が点綴されるようになる。これはペダンチズムやスノビズムではない。その背後では、自国語であるドイツ語とのスタンスの変化、とりわけ彼のエクリチュールとドイツ語との関係の本質的な変化が生起しているのだ。

そのことを、最晩年に彼は、「ルヴュ・デ・ドゥー・モンド」誌と「ジュルナル・デ・デバ」誌の編集長であるフランス人に『偶像の黄昏』のフランス語翻訳を願う手紙草稿のなかで、つぎのように明言している――

フランスの精神界に起きていることは、私にとりましてなにひとつ無縁ではありません。人に言われることですが、私は心の底ではフランス語で書いているのです、――もっとも、特別、私の『ツァラトゥストラ』では、ドイツでは誰も到達しえないことに、私はドイツ語で到達したにはしたのですが。あえて申しますと、私の先祖第四世代はポーランドの貴族であったのです。父方の曾祖母と祖母はヴァイマールのゲーテ時代の人たちです。これで、私が今日、ほとんど考えられないほどのまったく孤独なドイツ人である理由は、充分でしょう。（ジャン・ブルドー宛て、一八八八年一二月一七日頃）

つづけてみずからの経歴を紹介しながら、『偶像の黄昏』や『この人を見よ』に触れてこう述べる——「これらの著作はまずフランス語や英語に翻訳されねばならぬでしょう。と申しますのも、私の運命を帝国の警察による対策とはかかわりのないものにしたいからです」。「神話的故郷」へ帰るために「ドイツ精神はラテン的なるものの排除をもって闘争を開始しなければならぬ」(『悲劇の誕生』二三)とアジっていた地点から、なんと遠くまで歩んだことだろう。「ドイツ」との闘争を、ニーチェはドイツ語とのミクロな闘争にまで先鋭化した。しかもこの闘争を、自分自身のエクリチュール(書くこと、書き方、書き物)をとおして実戦的に遂行したのである。

すでに一九世紀前半、ドイツ語は、ドイツ統一の文化的基盤として過剰に価値づけられていたが、ドイツ帝国が成立すると制度的拘束力を急激に強めた。プロイセンのポーランド人の多い地域の役所や学校では、長らくドイツ語とポーランド語のバイリンガリズムが法的に公認されていた。それが七〇年代、内閣通達や州知事通達によって授業におけるポーランド語使用が段階的に制限されていった。さらに一八七六年には、「ドイツ語は、国家のすべての官庁、官吏、政治機関の唯一の公用語である。それらの文章による通信はドイツ語で行われる」と規定する公用語法が発布された。こうした一連の政策を生み出したのは、ポーランド人共同体＝カトリック系住民の分権主義にたいする闘争であり、「国家の国民的性格を統一言語によって実体化する」構想である。(1) ニーチェの言語闘争は、警察の干渉にたいする不安の表明に窺われるように、こうした国家語としてのドイツ語の規範化にたいする抵抗を意味していたはずだ。「私はあの本のなかでドイツにおける言語の堕落についてあえて述べておいた(——今日ドイツ人は国語浄化者になりすまし、まともな文章ひとつ書けなくなってしまっている——)」(『この人を見よ』「反時代的考察」)。「私には、今日またもや以前のお役所礼讃者だった連中のあいだに、語調の高尚をあこがれる似たような熱望の広がるのが認められるし、またドイツ人が一種の奇妙きてれつな「響きの魔力」に憑かれはじめたのが見られる。この「響きの魔力」ときたら、長い間にはいつかドイツ語にとってのっぴきならぬ危険となるかもしれないものだ、――というのも、これ以上に忌わしい響きは、ヨーロッパ中を探したとて無駄骨というしろものだからだ。……――ドイツ人が今日彼らの言葉の響きにおいて軍隊調になりつつあるというのは、確かだ。彼らが軍隊調に話すように仕込まれた末、ついに軍隊式に書くようになるということだって、恐らくないとは言えまい。……やがて人々は、この響きにぴったり合った言葉や言い回しや、ゆくゆくはまたそうした思想さえ、身につけるだろう! たぶん今だってもう我々は将校式の書き方をしているのだ」(『悦ばしき知識』一〇四)。

国家語の問題が、じつはドイツ語やドイツの範囲を超えた一般性をもつことも、ニーチェは理解している――「――古典的な本のどれもがもつ最大の弱点は、それがその著者の母国語で書かれすぎていることである」(『人間的、あまりに人間的』II・一三二)。もちろん、ニーチェはドイツ語を棄てフランス語で書き出したりしたわけではない。しかし、これは不徹底や自己矛盾だろうか?ドイツ語にたいする彼の戦略は、ドイツにたいする戦略と一体である。つまり、敵はドイツ語の使用自体ではなく、相対化や吟味を経ていないナショナルな規範としての「ドイツ語」にほかならな

(1) 伊藤定良『ドイツの長い一九世紀　ドイツ人・ポーランド人・ユダヤ人』青木書店、二〇〇二年、九〇-一〇〇頁参照。

い。ドイツ語を全面否定するかのような見かけのもとでニーチェがもくろんでいるのは、この厚かましい近代的足枷をはずすこと、ドイツ語の外へ旅立つことによってでなければ到達できない域に「ドイツ語で到達する」こと、ドイツ語を外気にさらし、特異で多様で活き活きした音調・テンポ・速度・傾きをドイツ語にもたらすことである。

そのことをさらに明瞭かつ繊細に語っている素敵な手紙がある――「私は言葉を問題とする場合、自由で、フランス語のような優雅なものを念頭においています（フランス語は、私のドイツ語に比べますと、はるかに社交的なものです）。私のドイツ語の場合、たくさんの言葉は、違った風味でおおわれておりまして、私の舌では私の読者とは違った味になります。私の体験や境遇の音階のなかでは、普通の中間の音程とは違って、珍しい、遠く隔たった、か細い音程のほうに比重がかかっています」（ゲオルク・ブランデス宛て、一八八七年一二月二日）。

ニーチェにおけるこの種の言語戦略を最初にクローズアップしたのは、おそらくジル・ドゥルーズだろう。一九七二年のスリジー・ラ・サル国際文化センターのシンポジウム「今日のニーチェとは？」において、ドゥルーズは「ノマド的思考」という発表を行い、語っている、「ニーチェの方法はといえば、彼はドイツ語に対してポーランド人として己を生き、ポーランド人たらんとしていましたでしょうね。彼はドイツ語を強奪して戦争機械を組み立て、それによってドイツ語ではコード化不可能な何ものかを流通させています。それこそ政治としての文体にほかなりません」と。しかし、なぜかドゥルーズの指摘以後も、この角度からのニーチェ研究はほとんど展開されていないように思われる。また、ドゥルーズの指摘自体あまりに短く簡潔なものだ。その意義を理解するためには、ニーチェについて直接語っているわけではない彼の他のテクスト、「マイナー文学」という概念を呈示するテクストを経由する必要がある。

プルーストは言っていた。「傑作はある種の外国語で書かれる。」それはどもることと同じなのだが、単にパロールにおいてどもるばかりではなく、ラングにおいてどもることによってである。外国人であること、しかし、単に自国語ではない言語を話す誰かのようにではなく、自分自身の言語においてどもること。二国語あるいは多国語を用いる者であること、しかし地方語、あるいは方言とは関係なく、唯一の同じ言語において。私生児であり、混血児であるが、人種としては純粋であるというふうに。こうしてスタイルは言語となる。こんなふうにして言語は強度的となり、価値や強度の純粋な連続体となるのだ。(2)

ドイツ語を棄てフランス語やその他の特有語で書くといった行為は、一見大胆に見えるが、それだけでは「国語」ないしメジャー言語の重力からの解放とはなりえず、かえって深々とこの重力に

---

(2) ジル・ドゥルーズ／フェリックス・ガタリ／宇野邦一他訳『千のプラトー』河出書房新社、一九九四年一一八頁。

身をまかせる次第となりかねない。ニーチェによるフランス語讃美は、フランス人によるフランス語讃美とは正反対の価値をもつ。発話《パロール》における吃りが、コードに則して償われるべき個人的失調にすぎないのと異なり、言語《ラング》における吃りとは、このコードそのものを偏倚させる運動であり、いかなる修正にも抗う強度をみなぎらせたスタイルである。ニーチェのテクストに混入している外国語表記は、この意味でドイツ語の吃音化の構成要素であるといえよう。ドゥルーズはマイナー文学の傑出した実例として、プルースト、カフカ、ベケット、(映画の領域になるが)ゴダールなどを挙げているが、ニーチェは、マイナー文学の自覚的な先駆者である。

　ドイツ語のマイナー化は、ニーチェ自身の分身化と内密につながっている。なぜなら、それは、ドイツ語を定住地から引き剝がし、動的な分身に変換することだからだ。

　ニーチェは『人間的、あまりに人間的』を、ベルンハルト・クローンという偽名で出版しようと当初考えていた。出版者の反対にあって実現しなかったたくらみだが、この架空人物は、見事に怪しげなノマド的分身となりえている。ニーチェの手によると思われる、著者紹介の文案――「ベルンハルト・クローン氏について知られていることは、彼が最近数年間旅行中で、ロシア領バルト海沿岸出身の一ドイツ人であるということだけである。イタリア沿岸で彼はとりわけ古典文献学と考古学の研究に没頭し、その地でパウル・レー博士と知り合った[3]」。

　やはり実現しなかったとはいえ、一八八八年晩秋の遺稿中に、こんなラテン語名の著書を書くアイディアが記されている。

FRIDERICUS NIETZSCHE,（フリデリクス・ニーチェ）
de vita sua.（彼の人生について）
ドイツ語訳。

自分の名をラテン語化するばかりか、オリジナル自体を「翻訳」に擬装すること。それは自著を起源なき分身たらしめようとすることである。

「翻訳」といえば、先に引用したジャン・ブルドー宛て書簡草稿中にこんな奇妙な表現も登場していた――「ヴァーグナーにかんする著作［『ヴァーグナーの場合』］については、あまりにもフランス的に考えられているので、ドイツ語には翻訳できないと言われたりしています」。これはドイツ語にたいする強烈な皮肉であるだけではない。ニーチェはまさに自国語を吃らせながら、私はひとつの自国語において二言語使用者なのです、と告げているのだ。

ドイツ語テクスト内への異言語挿入の例も見てみよう。

『悦ばしき知識』（Der Fröhliche Wissenschaft）という書名は、中世プロヴァンスのトルバドゥールの恋愛叙情詩を意味する言葉をドイツ語に翻訳したものである。再版の際には、著者自身の指示で、同じ意味の la gaya scienza という南欧の言葉が副題として添えられた。さらに『善悪の彼

（3） エリーザベト・ニーチェ／浅井真男訳『ニーチェの生涯（下）孤独なるニーチェ』河出書房新社、一九八三年、四七頁。

岸』において、『悦ばしき知識』は、元のプロヴァンス語 gai saber によって呼ばれる。この書名の多重性は、トルバドゥールのノマド的存在様態――国語の未分化な時代に広い地域を渡り歩いていた――にふさわしい。

「真のドイツ人」という四行詩は、第一行目が効果的にフランス語で書かれている――

〝O peuple des meilleurs Tartuffes,（おお、最高の偽善者《タルチュフ》の民よ、）
われ、必ずや、汝に忠誠を守らん〟
――彼かく語りて、いと脚速き船もて
コスモポリスに向かいぬ。

「彼」はドイツ人同胞への呼びかけを、皮肉にもドイツ語ではなくフランス語で、モリエール喜劇へのレフェランスを含んだ表現をもって行う。しかも、同胞への忠誠のために母国ではなく「コスモポリス」へ向うという皮肉な落ちがつく。けれども、ドイツ人がドイツの外へ出てコスモポリタン化することが、ドイツの真の富になるのだとすれば、この皮肉は、より深い次元では、ドイツ人への文字どおりの忠誠であり、真摯な愛の囁きでもある。フランス語を交えたこのテクスト自体が、コスモポリスへの旅を体現している。

足で書く

書斎や図書館の机上に書物の山を築き、無数の断簡や注釈をたがいに比較し、他者の文章についての文章を書く。そうした文献学者のブッキッシュな思考と執筆のスタイルを、病気の深刻化と旅行生活はニーチェに禁じた。眼痛と弱視が激化した一八七〇年代末、彼は幾度か眼科医から読み書きをやめるよう勧告されたり、失明の可能性を教唆された。それでも彼は失明や死を覚悟のうえで選り抜かれた読書と執筆活動をつづけるが、以前と同様の研究活動や教育活動は断念するほかなかった。さらに旅行生活に漕ぎ出してみれば、持ち運べる書籍の量にも大きな制限が課せられた。しかしここでも私たちは、不利な強制を自由な創造に転換してしまう狡知を再確認する。

……私の眼にしてからが、病気のおかげで、本の虫となること、つまり文献学というものとすっかり縁を切ってしまった。こうして私は「書物」から解放され、以後数年間というもの私はものの本を読むということを一切しなかった――これはかつて私が自分に与えた恩恵のうち最大なるものだ！――他人の自己の声を絶えず聴かねばならない（――これが本を読むということなのだが！）という重荷のために言わば埋もれてしまい、おとなしくなってしまっていた私のいちばん底の自己が、ゆっくりと、はにかみながら、おずおずと目覚めてきたが――つい

啓示の場所から

にこれが再び語りだしたのだ。(『この人を見よ』「人間的、あまりに人間的」)。

読書を数年間しなかったというのはさすがに嘘というか誇張だが、ニーチェが読書の制限を〈自己への回帰〉の好機として活用したことは間違いない。その際に、彼は知的言語活動を、長時間の散歩という養生術とカップリングさせた。自然や都市のなかを歩きながら思索し、ひらめいた考えを簡潔な短文にして途上で手帖に書きとめ、溜まった覚書をホテルや下宿で取捨選択したり、再構成したり、肉付けしたりしながら本にまとめる。これが、新たな思考と執筆のスタイルとなったのだ。『この人を見よ』のなかで、ニーチェは『曙光』執筆の場合を明かしている――「まことにこの本は白日のもとに身を丸めて幸福そうに横たわっている。まるで岩間で日向ぼっこをしている海獣のように。結局私自身がそれだった。この海獣だったのだ。この本のほとんどすべての文を私はジェノヴァ近くの、

シルヴァプラーナ湖

岩がごろごろしている海辺を歩きながら考えだし、ひょっこり捕まえたのであった。あの時私はたった独り、いまだ海との密議にひそかに興じていたのであった」(「曙光」)。

旅するニーチェのエクリチュールを支える第二のリゾート的ファクターは、したがって散策と風景の体験なのである。

重要なのは、散策と思索のあいだの関係が偶有的ではなく、非常に内密な関係であるということである――「戸外で、自由な運動から生まれたのではないような思想、そんな思想は信用しないこと」(『この人を見よ』「なぜ私はこんなに利口なのか」)。つまり、散歩しながら考えるということは、思想を身体と大地に再結合する方法であるのだ。ニーチェにとって、これは単なる理念の遵守ではなく、正真正銘の創造行為であった。ジェノヴァの海辺でのインスピレーションは例外的事件ではない。『この人を見よ』では、ほかにもシルヴァプラーナ湖畔散策における「永遠回帰」の啓示（ニーチェがその時そこを歩いていなかったら、「永遠回帰」は永遠にニーチェを襲わなかったかもしれない）、ラパロ近郊散策における『ツァラトゥストラはこう語った』第一部の構想、エッズの山道を登っている最中の同書第三部の啓示などが想起されている（次章で詳述する）。これらは、〈歩行＝思考〉の突出部にあたる。

では、精神の昂揚は歩行とどのように結びついていたのか？

一九世紀末の今日、昔の強い時代の詩人たちが霊感と呼んだものについてはっきりしたことがわかっている人があるだろうか？　誰もわかっていないというなら、私がその状態を記述してみよう。――この状態になると、ほんの少しでも迷信の滓を体内に残している人間なら、実際、自分は圧倒的な威力の単なる化身、単なる口、単なる媒介にすぎぬという想念を払いのけることはまずできないだろう。啓示という概念がある。筆舌につくしがたいほど確実に精妙に、何かが、人をして深く動揺せしめるような何かが、突如見えてくる、聴こえてくるという意味だ。この概念は、神がかりでもなんでもなく、要するに事実を述べているだけのことである。聴くだけで、探し求めることをしない。稲妻のようにひとつの思想がきらめく、必然性をもって、ためらいを許さぬかたちで――私はいまだかつて、どうしようかとためらってどっちかに決めるというようなことをしたことがない。まさにひとつの恍惚境である。時にその巨大な緊張が解けて涙の流れとなり、足の運びもなぜとはなく時に速く時に遅くなる。ひとつの完全な忘我状態にありながら、爪先にいたるまで無数に小刻みに震え、ぞくぞくしているのを極めて明瞭に意識している。これはひとつの幸福の奥底であり、ここでは最大の苦痛も最大の憂愁も妨げとはならず、むしろ当然生み出されたものの結果、求めておびきだされたもの、このような光の充満しているところでは、ひとつの必然的な色という役割をする。これはリズム的諸関係を感得するひとつの本能なのだ。この本能が様々な形式の散在する広大な範囲を眺め渡して、そこにひとつのリズムがあることを察知感得する――どれぐらい遠く張り渡されたリズムを感得できるか、その長さと、できるだけ長いリズムを察知しようとする要求と、このふたつが言わば霊感の威力を量る尺度であり、霊感の圧力と緊張とにたいする一種の調節である……すべてこれらのことが最高度で生ずる。有無を言わせず、しかしまた自由-感情の、無礙自在の、力の、神性の嵐のなかにおけるがごとく……（『この人を見よ』「ツァラトゥストラはこう語った」）

慄然とするほど精妙な文章なので、引用が長くなってしまった。ニーチェが啓示を、はなから歩行（「足の運び」「爪先」）と一体の現象と考えていることに注意されたい。足は運動器官であると同時に感覚器でもある。足はみずからが自然に加える運動を享受する。自然は、この足の運動と連動し、角質化した外皮を破って、振動、音響、光、抵抗、傾き、緊張、弛緩、速度、リズム等として立ち現れる。すると身体は、こうした無形の諸力の戯れに貫かれ、その一部分、一突端と化す。異国における他言語体験とともに著作に外国語の単語や表現が溢れ出すと、散策の日常化とともに、自然や身体の形象が著作に溢れ出す。それらの特徴は、ある種の具体性をそなえていながら、決して固体的・静的・形態的ではなく、生成的・力動的・強度的であることだ。これにはニーチェの病気と養生術が深く関与していると思う。病気によって過敏化した身体にとって、自然とは、否応なく五臓六腑に浸透する薬や毒のようなものであり、生の状態に直接作用する強烈な力であるはずだからだ。

自然の形象は、現実描写（ときには逗留地の名前を伴う）、虚構世界における背景描写、比喩表現というように様々なステイタスをとるが、つまるところ現実的な諸力の連動や流れであって、先行する概念の人工的表象ではない。引用したテクストのつづきを読んでみよう。

そこに見えてくる形象、比喩は、なんとも動かしがたく犯しがたい。これはまことに顕著な事実であって、いったい形象とは何なのか、比喩とは何なのか、そんな概念などもはやまったくなく、もっとも手近な、もっとも正しい、もっとも単純な表現がそこにあるのだからそれを見さえすればすべてがわかってしまうのである。まこと、『ツァラトゥストラ』の一語を思い出してもわかるように、物が自分からすすんでやってきて、喜んで比喩になってくれるかの観がある（――「ここではすべての物がお前の言説のほうへすり寄ってきて、お前に甘える。すべての物がお前の背に馬乗りして歩きたがっているからだ。ここでは、お前はどんな比喩に騎ってどんな真理にでも向って行ける。ここではすべての存在の言葉と言葉の宝庫とが、お前のために跳ね開く。ここではすべての存在が言葉になろうと欲し、すべての生成がお前から語ることを学ぼうと欲する[1]――」）。これが私の霊感体験である。

形象が大いなる散歩者とともに「歩きたがっている」のだから、「散歩」が形象の選別だけでなく文章の運動にかかわるのは、むしろ当然の事柄と言うべきだろう。「足で書く」という四行詩——

私は手だけで書きはしない、——
足もつねに書き手に加わろうとする。
それは、しっかり、のびのびと、大胆に、
あまねく広野を、また紙を、走る。
（『悦ばしき知識』「たわむれ、たばかり、意趣ばらし」）

ニーチェにおいて「散歩」は、ライフスタイルであり、思考スタイルであり、文体《スタイル》である。手だけで書くことが、意味伝達中心の文章ないしスタンダードな文体を意味するとすれば、紙に足で書くことは、語句を貫く特異な運動や強度に力点を置いた文章、「身振り」や「音楽」としての文体を意味する。『この人を見よ』のニーチェは、「それ自体として良い文体」という考えを、「美自体」とか「物自体」といった観念と同様の、空虚な抽象として斥け、良い文体をこう定義する——「ひ

（1）『ツァラトゥストラはこう語った』第三部「新旧の諸板について」からの引用。ただし中略が表記されていない。

とつの内的状態を有体《ありてい》に伝達する文体、すなわち記号のテンポと身振り——総合文の句読にかんする諸法則は結局この身振りの技術につきる——を、記号と取り違えていないような文体」。

つまり文体とは、跛行であり、吃音なのだ。ツァラトゥストラは自分の語り方をこう自解している、「——お聞きのとおり、私は比喩で話し、詩人たちのように不自由な足を引きずり、吃りながら話すしかない」（第三部「新旧の諸板について」）。真理を字義的・中性的に表現できないことを否定的に語っていると読めなくもないが、その言説自体が〈吃音と跛行〉の比喩で語られていることからわかるように、比喩を超越することは問題外だ。ツァラトゥストラがスムーズに語れないのは、表現内容そのものが特異で一般化しがたい生の運動だからである(2)。できるのは、跛行を舞踏に、吃音を音楽に高めることだけだろう。

吃音を構成する要素は、比喩と句読法だけではない。ザロメに宛てられた「文体についての教え」と題された書簡（一八八二年八月二四日）で、ニーチェは、「文章の長短、句読法、語の選択、息つぎ、論拠の順序など一切を、身振りとして感ずるべく学ばねばならない」と説いている。また後期の覚書には、現代の新聞・評論雑誌・学術雑誌の一般的文体、「己の安楽椅子に座して」「並みの社会」に向けて語る文体の天下のもとで、「すべての表明されたことにもまして己の書物におけるダッシュ記号を愛する者は、ひどい目にあう」と記されている（『生成の無垢』下、一〇八〇）。すべて本人の著述経験に裏打ちされた述懐に相違ない。比喩の豊かさ、句読点やダッシュの多さ、文章の長短の振幅は、実際にニーチェのエクリチュールの特徴である。そして、イタリックによる強調の多さも……。

アフォリズム、詩、ドラマ、自伝

『反時代的考察』の「当時は私は『雄弁』であることを、まだ恥じてはいなかった」とニーチェは回顧している。雄弁で重厚な論文は、書斎の産物であり、一般聴衆の説得を目的とする(『生成の無垢』上、一二五一)。『悲劇の誕生』と『反時代的考察』にはそうした性格がある。

執筆方法の変化は、文章形式の変化を意味する。病気が悪化する一八七六年以降、保養旅行先でアフォリズム集が書かれるようになる——『人間的、あまりに人間的』『さまざまな意見と箴言』(『人間的、あまりに人間的』IIの上)『漂泊者とその影』(『人間的、あまりに人間的』IIの下)『曙光』『悦ばしき知識』……。つまり、機知の効いた凝縮された塊(しばしば二、三行)が、ゆるやかなつながりによって編集されるようになる。この形式で書くことで、眼の負担が軽くなるだけではない。アフォリズムは、発作の波のあい間や移動と移動のあい間に、断続的かつ即興的に書くのに適している。(1)また、完成された思想体系や緊密な論理展開を表現するよりも、多様で過程的・感性的

右頁(2) 吃音と特異性との肯定的つながりについては、『ツァラトゥストラはこう語った』第一部「歓楽と情熱について」を参照。

(1) ペーター・ガスト宛て一八七九年一〇月付け書簡を参照。

な思考や閃光鋭い問題提起を表現するのに適している。印象派は、儀式性を厄介払いしてタブローと素描の距離を短縮し、タブローの未完成性——断片を切り取ったような構図・ラフなタッチ・きつい色彩・ざらざらしたマチエール・余白——に、生成の特定の瞬間に固有のみずみずしさを封じ込めた。それと似たことがニーチェのアフォリズムには見られる。

「雄弁」と反対にアフォリズムは、自己への旅の記録ないし里程標としての性格を強くもつ。自己の「迷路」に忠実な表現になればなるほど、それは、愛想のよいコミュニケーションから遠ざかり、読者の眼前に〈謎〉として屹立せざるをえない。ただしニーチェは、そうしたディスコミュニケーションを踏まえたうえで、読者とアフォリズムのあいだの積極的交渉の可能性に賭けている。そして興味深いことに、その際にも旅行・歩行・風景のイマージュが登場する。『人間的、あまりに人間的』I初版の序文案（「途上に読まれるべき／旅の手引き」と題されている）は、読者に精神の健康のための旅行を奨励してから、次のように語る——

> しかしこういう特定の関心からは、また特定の伝達形式が生じてくる。なぜなら、旅行の飛翔的な、そして非定住的な本質は、もっとも忍耐強い注意力のみ近づきうる、そして幾週間にもわたっての清閑ともっとも隠遁的な孤独を要求する、あの長々と引き延ばされた思想体系を受けつけないからである。通読されることはないが、たび繁く繙かれるような書物がなくてはならない。つまり、今日はどれかの文章に、明日はまた別の文章にかかずらい、そのつど改めて心をこめて省察してゆく。そして精神が我々を駆るままに、賛成したり反対したり、没入し

たり脱却したりして、そのたびに頭が晴れやかに、具合よくなってゆく、という読み方である。こういうふうにして促された——強いられたものではないがゆえに真の——省察から、しだいに見解の全体的調子のある変化が生じてくる。そして、これとともに、あたかも弓に再び新たな弦が張られ、かつてないほど力強く引き絞られたかのような、精神のあの全体的な回復感が生じてくる。益するところ多い成熟が果たされたのだ(2)。

断続的・断片的にすばやく拾い読みすることができるアフォリズムは、逆説的なことに、論文の通読とは別種の持続と忍耐にかかわる形式なのだ。アフォリズムは〈謎〉として記憶され、読者に自明の論理をたどることによる読解ではなく、精神の自省と成熟による主体的読解を要求する。読者は、自分自身の精神の旅の過程で、その過程と相関させながらアフォリズムを読み解かなくてはならない。アフォリズムどうしを隔てている空白は、手ごわい試練となると同時に、字句に限定できない「全体的調子」の直観を促す刺戟ともなる。「血と箴言で書く者は、読まれることではなく、暗記されることを欲する。／連山においてもっとも近い道は、頂上から頂上へまたぐことである。だが、そのためには、君は長い足を持っていなくてはならない。箴言は頂上であるべきである。そして語りかけられる者たちは、大きい者たち、高く成長した者たちであるべきだ」（『ツァラトゥストラはこう語った』第一部「読むことと書くことについて」）。飛躍によって機能するように断片を配列

（2）『曙光』四五四も同様の内容。

しているという点で、ニーチェのアフォリズム集は、映画におけるモンタージュに似ている。アフォリズム性は旅行時代の著作に一貫して認められる基本的特徴だが、ニーチェはそこにそれ以外の要素を導入することで、みずからの表現の幅を著しく広げている。

詩は、言葉の「身振り」のもっとも直接的な表現である。そこでは分析や論述よりもイマージュやリズムがドミナントになる。学生時代以来放棄されていた詩作が七〇年代末に再開されたことは、旅行の経験・戸外での昂揚・身体の再評価という動向と明らかに相関していよう。

八三年以降、体力がある程度回復し、病気とのつきあいにも長け、思想が成熟してくると、ニーチェはそれまでの著作とはかなり異なった諸形式に挑戦していった。

まず、『ツァラトゥストラはこう語った』におけるフィクショナルな劇形式。そこでは、ツァラトゥストラの一人称の箴言、ツァラトゥストラの詩、彼に質問したり彼の言葉を言い換えたりする他者たちの言説、地の叙述文などが様々に組みあわされ、教説や身振りや歩行が、登場人物の行為として、場所との関連やドラマの前後関係において呈示される。ツァラトゥストラとは、大いなる「歩行者」「漂泊者」「登山家」「舞踏者」にほかならない。

また、実現にいたらなかった計画ではあるが、後期には「力への意志」や「永遠回帰」といった主要概念をめぐる体系的著作が構想される。『善悪の彼岸』と『道徳の系譜学』は、『曙光』や『悦ばしき知識』と比較すると、概して断章が長く、断章間の関係も論理的展開に従っており、ある程度その実現といえる。

そして狂気の寸前に、「私」を前面に打ち出して、それまでの彼自身の歩みを回顧・総括するような、薄めの著作が来る。すなわち自伝『この人を見よ』と、『偶像の黄昏』『ヴァーグナーの場合』『ニーチェ対ヴァーグナー』の三部作。『この人を見よ』では、すでに多くの引用によって示したように、旅行や歩行や場所や食事が全面的にニーチェ自身の経験として語られるにいたる。

ディオニュソスの変容

『悲劇の誕生』の全論述は、ショーペンハウアーの『意志と表象としての世界』の強い影響下にある。人間世界の深層、「物自体」は、「ディオニュソス的なもの」であり、暗黒、意志、流動する混沌である。この場合の「意志」とは、ショーペンハウアー的意味での意志、無意識的で盲目的な生の衝動にほかならない。ディオニュソス的なものを体験するとき、自他の境界が溶解し、人は恐怖とともに「陶酔」を味わう。ディオニュソス的なものを覆い隠し、反対に精神の個体化をもたらすのが「アポロン的なもの」、すなわち光輝、仮象、表象、整った輪郭線をもつ夢想である（周知のようにアポロンは美しい身体をもった太陽神である。「アポロン」という名前自体が語源的に「光り輝く者」を意味する）。美学的次元で見ると、無形の運動からなる音楽はすぐれてディオニュソス的な芸術であり、絵画や彫刻といった造形芸術はアポロン的な芸術である。

ニーチェはこうした二元論的見取り図のなかで、ギリシア悲劇の根源ないし萌芽を、小アジアの酒神ディオニュソスの祭儀における狂乱に求める。この残酷なオルギアが、ギリシアに流入して叙情詩の合唱になり、さらに演技・仮面・対話といったアポロン的形象と弁証法的に統合され、ソフォクレスやアイスキュロスの悲劇が誕生した、というのである。しかしソクラテスの時代以降、アポロン的なものが優勢になりすぎ、悲劇はその魂を失い形骸化した。初期のニーチェによれば、ヴアーグナーの楽劇こそ、理想的悲劇の現代における復活である……。
ショーペンハウアーが「意志」の世界を際限ない苦悩として否定的に捉え、静穏に世界を観照する認識や芸術による「意志」の棄却に救済を見いだしたのと異なり、『悲劇の誕生』のニーチェは、アポロン的なものによる個体の庇護を条件としながらも、「意志」に浸され個体の部分的溶解が生ずるところに、世界の実相の直接的認識と「陶酔」という至高の感情を求める。とはいえ、二分法の構図自体は基本的に共通している。

だが、『悲劇の誕生』後のニーチェの著作において、こうした二分法は前景から退き、一八八二年の『悦ばしき知識』にいたると、はっきり異なった仮象観・芸術観・ギリシア観が登場する。光・仮象・表面などがそのままディオニュソス的な生の表現として称揚されるのだ――「表皮性。――深みからある人間はすべて、いつかは飛び魚のようになって波浪の切っ先に戯れ遊ぶことに、至福の思いをいだくものだ。彼らが事物における極上のものとして評価するのは、――それらが表面を、つまりその表皮性（この表現を咎めなさるな）をもつということだ」（『悦ばしき知識』二五六）。「おお、このギリシア人！　彼らは生きるすべをよくわきまえていた。そのためには、思いきって表面に、皺に、皮膚に踏みとどまること、仮象を崇めること、形式や音調や言葉を、仮象のオリュンポス全山を、信仰することが必要だったのだ！　このギリシア人は表面的であった――深さからして！」（同書・第二版のための序文）。可視的な表面＝仮象は、視線から生を隠す氷ではなく、生の大海の、果てしない生成の波、力の襞である。Schein（仮象、見かけ）という語に含まれる「光」という意味が具体化して、光は闇の抽象的対立項でなくなり、闇も光の一様態と捉えなおされる。固定的なもの・形骸的なものを嫌い、変転してやまぬ生を肯定するという姿勢はたしかに一貫している。ただ、それまで大味だった生の姿が、身体への具体的配慮に関連して、身振りや表情やニュアンス——多様な質や度合い——を獲得し、より繊細に、より軽快に、一言でいえばより身体的になったのだ。ここから振り返るなら、『悲劇の誕生』のディオニュソス的なものは、まだあまりにもアポロン的なもののネガであり、アポロン的だったといえるかもしれない。

「陶酔」や「酩酊」の讃美が消え、『悦ばしき知識』以降、「音楽」や「歌」にまして「舞踏」や「笑い」のイマージュが溢れ出すのは、ディオニュソス的なものの身体化の一端である。舞踏は音楽と造形の中間に位置し、可視的で触知可能でありながら、「立像」から逃れるリズミカルな運動である。

ローヌ渓谷から地中海沿岸にかけての地域では、春先に乾燥した激しい北西風がしばしば吹く。ミストラルと呼ばれるこの季節風に「おまえ」と詩人が呼びかける「ミストラルに寄す」(『悦ばしき知識』「プリンツ・フォーゲルフライの歌」)の第六連では、ダンスが風や波と合一する。

さあ　踊れ　百千の波の上に、
波の背の上、荒波の戯れの上に——
栄えあれ、新しい踊りを創る者に！
百千の品振りよろしく　われらは踊ろう、
自由——それがわれらの芸術の名であれ！

悦ばしき——それがわれらの知識の名であれ！

ニーチェはバーゼルの社交界ではずいぶん踊ったらしいが、バレエ鑑賞に熱中した形跡はない。ダンスの形象のマトリクスをなしているのは、彼自身の散歩と自然体験に違いない。ポール・ヴァレリーは詩を舞踏に喩え、目的地へ向う歩行＝散文と対比させたが、散歩は自己享受的な歩行だ。『ツァラトゥストラはこう語った』の冒頭、山を歩み下るツァラトゥストラにすれ違った聖者は呟く——「彼はひとりの舞踏者のように歩んでいくではないか？」（第一部「ツァラトゥストラの序説」）。ニーチェ自身の歩行の習得に連れて、ディオニュソス的なものは軽快な足を獲得し、笑い、光り輝き、みずから踊る神となる。

私は歩行することを学んだ。それ以来、私は自分を走るにまかせている。私は飛行することを学んだ。それ以来、私は突き動かされるのを待って動きだそう、などという気はまったくなくなっている。

今や私は軽やかである。今や私は飛行する。今や私は自分を自分の下に見る、今やある神が私の身のうちを踊って通り過ぎる。（『ツァラトゥストラはこう語った』第一部「読むことと書くことについて」）

ディオニュソスの変容が、音楽にたいするニーチェの嗜好の変容をも意味するのは、当然の理である。『悲劇の誕生』の再版に付された「ある自己批判の試み」（一八八六年）で、ニーチェは、ギリシア的なもの（ディオニュソス的なもの）を反ギリシア的なもの（ドイツ・ロマン主義）と混同してしまったと自己批判したうえで、ヴァーグナー音楽およびドイツ音楽を「陶酔させると同時に、、、、朦朧たらしめる麻酔剤」と再定義し、これに哄笑者・舞踏者ツァラトゥストラを対置する。『ツァラトゥストラ』第二部「墓の歌」では、「殺人的な歌い手」（＝『パルジファル』のヴァーグナー）に抗しえた力として、「かわることなく歩み行く」「意志」が示される――「私は私のかかとにおいてのみ、傷つけえない者だ」。

一八八一年にニーチェは、もっとも反ヴァーグナー的で南方的・地中海的な音楽として、ジェノヴァでジョルジュ・ビゼーの『カルメン』を発見し、驚喜した。踊り、哄笑するジプシーの女カルメン。詩「リヒャルト・ヴァーグナーに寄す」（一八八六年）の「私」は、「牢獄、憂悶、ルサンチマン、墓穴の気」と「教会の匂い」の混合物としてのヴァーグナーの大きなベレー帽を、「踊りつつ」はね飛ばしてしまう。

パースペクティヴィズム１　徴候学的読解

「思想を改善する。——文体を改善すること——これは思想を改善するということであって、およそそれ以上のものではない！」（『人間的、あまりに人間的』「漂泊者とその影」一三一）。Stilが「文体」を意味するとともに「スタイル」一般も意味しうる点を再度強調したうえで、このアフォリズムは著者自身にもっとも当てはまると言うことができる。ニーチェの後期思想の基礎中の基礎をなす「パースペクティヴィズム」（遠近法主義）をめぐって、そのことを見ておきたい（『権力への意志』「永遠回帰」等については本書の最終章で検討する）。

これまで哲学も宗教も科学も、「一切のヴェールを剝ぎ取り、裸にし、これを容赦なく明るみにさらけだそうとする」「真理への意志」（『悦ばしき知識』「序文（第二版のための）」）を共有してきた。しかし、仮象を生の繊細な皮膚と捉えるとき、「真理への意志」と異質な思考法が主体に求められることになる。「仮象の意識」と題されたアフォリズムから——

いにしえの人間および動物の現存在が、否、一切の感覚ある存在者の太古と過去の総体が私のなかで詩作しつづけ、愛しつづけ、憎みつづけ、推論しつづけているということを私は自分の身に発見した、——こうした夢のさなかに突然私は眼をさました、けれど私は、自分が今ちょうど夢を見ているのだということを、また破滅しないためには自分は夢を見つづけねばならない、――たとえば夢遊病者が転げ落ちないためには夢見つづけねばならないように――ということを、意識しただけだった。私にとって今や仮象とは何であるか！　たしかにそれは本体といったものの反対物ではない――何かある本体について私が述べることができるとしても、それはまったく仮象の述語としてだけのことではないか！　それは確かに、不可知のXにかぶせたり、また脱がせたりできるような死んだ仮面ではない！　仮象とは、私にとって、働くもの、生きているものそのものであり、自己嘲弄のあげく、それは次のような感懐を私に抱かせる、つまり、ここには仮象と鬼火の幽霊踊りのほかには何もないのだ、と、――また、これらすべての夢見る者たちのなかにあって「認識者」たる私自身も自分の踊りを舞うのだ、認識者は地上の踊りを長引かせる一手段であって、その限りで現存在の祭礼世話人のひとりなのだ、一切の認識の崇高な帰結と連合は、おそらくこの白日夢の普遍性とあらゆる夢想相互の理解の汎通性を維持し、そうすることによって夢の永続性を維持するための最上の手段であり、将来もそうであるだろう、と。（『悦ばしき知識』五四）

これはパースペクティヴィズムの素描である。人類史上の一切の「真理」や「善」が、絶対的な実体ではなく、個別具体的で可変的なパースペクティヴ（遠近法、観点、展望）による眺めにすぎないと考えられている。しかもこの眺めは、同一の世界を様々な角度から捉えた姿なのではなく、観点が創造する表象、観点と共起的に生成する固有の表象である。そして、それを見る＝創る主体は、器官としての眼球でも、意識的自我でもなく、闘争のなかで生き抜くために特定の戦術を身につけた衝動群、「力への意志」、すなわち〈身体〉なのだ（『善悪の彼岸』第二章・三六参照）。ニーチェ的認識者の主要な任務のひとつは、「哲学的医師」となり形而上学・宗教・道徳・科学の命題を「何をおいてもまず特定の症候と見なすこと」、「健康・未来・成長・権力・生」の問題として再解釈することにある（『悦ばしき知識』「序文（第二版のための）」）。ただし、そうした哲学的医師の認識もまた身体的観点の仮象のひとつにすぎないということを、哲学的医師は完全にわきまえていなくてはならない。一八八一年以降のニーチェにとって、仮象／本体、現象／物自体、虚構／真理といった二項対立は根本的に無効になった。

もっとも、一切はパースペクティヴであり仮象であると唱えるだけなら、相対論や不可知論、あるいは唯心論や主意主義、世紀末的ペシミズムの域を出ないともいえる。哲学史におけるニーチェの独創性は、超越的なものに訴えることも、没価値的になることもなく、生に内在的な価値の尺度を立て、仮象間のヒエラルキーを問うた点にこそある。

仮象を創造する種々のパースペクティヴどうしは、共約不能であるとはいえ、決して静的に孤立してはおらず、つねに互いに複雑な仕方で抗争し触発しあい、歴史的に変化しつづける。一個人のなかにさえ、こうしたポリティックスが繰り広げられているのだ。

また、ひとくちに仮象といっても、生の「充実・力・強さ・自主性の徴候」であるか、生の「障害・疲労・貧困化の、それの終末予感の、それの終末への意志の症候」であるかという序列的差異が認められる（前掲書・前掲箇所）。

一般的・超越的な「真理」や「善」の名における言表は、決まって後者に、つまり劣った自己欺瞞的仮象に属する。その言表者たちは、自分の言表の仮象性、自分の生の特異性を誠実に引き受けないという点で、衰弱し病んだ卑しい生であるだけではなく、攻撃的な「怨恨《ルサンチマン》」を隠した生でもある。「真理」や「善」の御旗によって自己の実体を隠蔽しながら、彼らは他人の勇敢に生きる行為を錯誤や罪として断罪し、彼らの生よりも充実した強い生の持ち主すべてをして、自己の生を恥じるようにしむける。つまり、みずからを充実させることをとおしてではなく、他人の足を引張ること、他人の食物に毒を混入することによって優位に立とうする陰険な野心家たちなのだ。プラトニズムとキリスト教は、ニーチェによれば、その最たるものである。

では、「充実・力・強さ・自主性の徴候」である仮象とは、どのようなものか？　それは仮象が仮像である現実を否認しない仮象にほかならないが、仮象を否認するルサンチマン的仮象が蔓延している現状においては、そうした仮象を特定の生の徴候として読み解く戦術が重要になる。徴候学的読解は、ルサンチマンにたいする強力な解毒剤ないし免疫としてはたらくとともに、それ自体がかなりの程度「充実・力・自主性」の体現となり、健康回復になる。というのも、複数のパースペクティヴを徴候学的読解にかけることは、それらのあいだに「汎通性」を開き、それらのひとつのみに束縛されずにそれらのあいだを往き来すること、あるいはそれらを俯瞰する水準に上昇することを意味するからである。パースペクティヴィズムは、単なるパースペクティヴと同一水準にはない。夢のなかで目覚める認識者は、目覚めが夢のなかの出来事であるにせよ、夢を認識しない睡眠者よりも、生の階梯の上位にいるのだ。

「いにしえの人間および動物の現存在が、否、一切の感覚ある存在者の太古と過去の総体が私のなかで詩作しつづけ、愛しつづけ、憎みつづけ、推論しつづけているということを私は自分の身に発見した」という表現が、本書第二章の「旅行者の等級」に引用した「多くの家族のなかに、それどころかひとりの人間のなかに、いまなお歴史の断層が美しく判然と重なりあっているのだ」という表現とほぼ同じであることに注意されたい。文化・民族・時間の混乱という近代人およびドイツ人の問題をめぐり、『人間的、あまりに人間的』と『悦ばしき知識』のあいだには見解の深化がある。つまり私たちは今や、第二章で立てた問い、自己回帰や自己支配の企ては自己分裂にいたるのではないかという問いの、ひとつの解答を前にしているのだ。——異質な組成の諸層をパースペクティヴィズムによって徴候学的に読み解く旅をへることなく、近代人の自己支配の実現はありえない。自己支配とは、等質で統一的な自我の実現を意味するのではなく、自分の身体に住み着いている複数のパースペクティヴのあいだに、破壊的相克ではなく創造的な触発が生じるように、ある種の配置・距離・階層・通路を拓くこと、パースペクティヴの多元的な地図・海図の作成を意味する。

　パースペクティヴィズムとは、諸々のパースペクティヴを創造的に包括するパースペクティヴである（地上の多様な仮面舞踏を永続させる「最上の手段」としての「祭礼世話人」）。そこでは、不統一性・不安定性・自壊性といった近代的弱さが、多様性・可変性・多視点性という強さへ鋳なおされることになる。そのためには、自分は歴史の頂点に立ったと自己暗示をかけてもしようがなく、生を脅かす超越的諸価値を生の観点から読みなおす地道な鍛練が必要不可欠なのだ。

パースペクティヴィズム2　分身の上演

パースペクティヴ主義から帰結されるもうひとつの主要な実践は、自己のエクリチュールにおいて仮象＝仮面＝分身の舞いを積極的に自分で上演することである。アカデミックな文体からの離脱、メタファーやアレゴリーの活用、リズムへの配慮等が、この種の上演を構成する。超越的で絶対的で固定的な「真理」を語ろうとする者（プラトンの後継者）はしばしば、メタファーやレトリックやフィクションを身体の感覚とともに、不純・不完全・外在的・二義的と見なし、言語の形式化や用語の定義に耽るが、仮象を実在と認識する者にとって、反対に表現スタイルこそ生や力という実在にじかに関わる第一の問題となる。要するに、パースペクティヴィズムは、スタイルの実験を根柢から肯定し促進する思想なのである。

したがって、ツァラトゥストラという分身のフィクションが『悦ばしき知識』の後続として書かれたのは、非常に納得のいく経緯といえよう。『ニーチェの遠近法』の田島正樹は、パースペクティヴィズム（遠近法主義）と『ツァラトゥストラはこう言った』のスタイルとの首尾一貫したつながりを、アレゴリーの分析をとおして明かしている。そこでアレゴリーは三種に分類される。第一は、「既存の道徳および道徳家に対するパロディ的批判」。道徳の説教者がふつうは言説の絶対的内容によって隠蔽する彼自身の生の貧しい実態自体が、そこでは言説内容に組み込まれ、滑稽な矛盾として読者に解読を促す。これは私たちが徴候学的読解と呼んだ側面に対応しているだろう。第二は、「ツァラトゥストラがなにか積極的に道徳を説くもの」。田島は、そうしたわかりやすいアレゴリーが形式の上では既存の道徳家や宗教家のアレゴリーに似てしまう点に、鋭い批評を加えている。第三は、「ツァラトゥストラがいわば自分自身をモデルにしながら、その哲学を実演してみせるもの」。「ツァラトゥストラという分身によって、ニーチェは自分の教説とそのアレゴリー的上演との二重化を、自由に劇化することができるようになる……この二重化はさらなる二重化を呼び、劇化はさらなる劇化をそれ自身のなかに生み出すというように多重化していく傾向を見せている」。これこそニーチェ的分身劇である。

具体例は、田島の見事な分析を参照にしていただきたい。ただ私は、ニーチェのパースペクティヴィズムを言説形式において引き受けられるべきテーゼと見る田島の見解を完全に認めたうえで、パースペクティヴィズム自体が、それに先立つニーチェ自身の身体的実践と身体感覚に支えられている、という点を強調しておきたい。多元的パースペクティヴの徴候学的解釈が論じられる場面で参照されているのは、ノマド的旅行や、迷路の歩行、病状の自己観察などである。そもそも「パースペクティヴ」とか「パースペクティヴィズム」といった用語自体が、高い場所から風景を眺める経験に根ざしている。とりわけ「自然のなかの分身現象」と名づけられたつぎのような経験に。

——我々は時として自然の風景のなかに我々自身を再発見して、快い戦慄を覚えることがある。それはもっとも美しい分身現象である。——そしてまさにこの土地でそういう感じを抱く者は、どんなにか幸福であるに違いなかろう、［……］——そして、こう言うことのできる者は、どんなにか幸福であるに違いなかろう、「たしかに自然には、ここよりもずっと雄大でずっと美しいところが存在するだろう、けれどもここ
こそ私には、心のこもった、親密な、そして血のつながった土地、それどころかそれ以上の土地なのだ」と。（『人間的、あまりに人間的』Ⅱ・第二部・三三八）

一八七九年のサン・モリッツにおける高原や湖畔の散策時の経験を語っていると思われるこの記述は、『この人を見よ』が語るインスピレーションの記述に極めて近い。風景の仮象のうちに再発見されている「我々自身」とは、意識的自我やうつろいやすい感傷ではなく、それよりもずっと深い生の様式だろう。だからこそ、それは再発見でありながら「戦慄」をもたらすのだろう。ニーチェはもちろんそうした生の様式が、生一般の属性ではなく、必ず歴史性や個別性をもつことを知悉している。ただし、風景が具体的な生の分身として現象するのは、生を静的に表象することによってではなく、それに動的に作用することによってである。だから肝心なのは、この作用の場を注意深く踏査し、生産的に組織しなおすことなのだ。

自分の環境を知る。——我々は自分のいろいろな力を評価することはできるが、我々の力そのものは評価できない。環境はこの力を我々にたいして隠したり示したりするばかりではない。——それどころか！　環境はこの力を大きくしたり、小さくしたりする。我々は自分を変化し

うる量と見なすべきである。この量の能力は、恵まれた環境の場合、おそらく最高度の能力に匹敵することができるだろう。それゆえ我々は環境を熟慮し、その観察にあたって、いかなる勤勉もいとわぬようにしなければならない。(『曙光』三二六)

私たちの生の基部に直結する環境を見つめることで、私たちは通常は認識しえない生の深みを認識できるばかりか、環境の選択や環境とのかかわり方の変更をとおして、生を活性化することができる。パースペクティヴィズムの生育する土壌をなしているのは、環境と生とのダイナミックで相補的な関係の経験である。このように受け止められた眺望は、パースペクティヴィズムを語るために拝借される単なる材料ではなく、すでにパースペクティヴィズムの先駆形であり、潜在的なパースペクティヴィズムにほかならない。要するに、パースペクティヴィズムは、エクリチュールの諸実践や「風景の分身現象」に経験的に先導され、先立つそれらを〈仮象の祭典〉として肯定・強化する思想なのだ。

第四章　ニーチェを探して

　本章では、旅行時代のニーチェの思考と場所ないしライフスタイルとの相関関係にさらに具体的に迫ってみたい。そのために私は、五つの節において五つの都市とその近郊、ないし五つの地域を取りあげることにする。すなわち、ジェノヴァ、ヴェネツィア、オーバー・エンガディン（サン・モリッツとシルス＝マリア）、ニース、トリノ。

　選択基準は三重である。ニーチェの思考の進展にとって重要な場所であるだけでなく、彼が一八七九年以降に数回長期滞在している場所であること。そして、私自身がフィールドワークを行った場所であること。かくして、その重要度にもかかわらず、旅行時代以前の主要地であるバーゼルやルツェルンは除外されている。ニーチェの生活地ではないオルタや、彼が一度しか逗留していないマリエンバートやバーデン＝バーデンやラガツなどもそうである。ソレントやローゼンラウイやメッシーナ、ローマは、残念ながら私にとって未踏地なので入れることができず、ルガノ、ロカルノ、カンノビオ、ストレーザ、チューリヒ、ミラノ等は、移動のための中継地にとどまると考えられるので抜いてある。

五つの都市ないし地域をどのような順序で述べるか、かなり試行錯誤した。様々な観点からの分類や対比が可能である。たとえば、地中海岸かアルプス高地かという分類。これは避寒地か避暑地かという区分とほぼ重なるが、ヴェネツィアやトリノはその枠からかなりはみ出ている。主要逗留地のあいだには、ある程度クロノロジカルな秩序も認められる。「自由精神」の主題の時期は、ジェノヴァとサン・モリッツが中心的な場所を演じる。それが『ツァラトゥストラはこう語った』の時期になると、シルス＝マリアとニースへ移行する。そして一八八八年春に、ヴェネツィアにかわってにわかにトリノが台頭し、年末にはトリノがニースばかりかシルス＝マリアをも追いやる勢いを呈するが、八九年一月、そこでのニーチェの精神崩壊により、彼の約十年におよぶ旅行時代そのものが終るにいたる。

結論からいえば、私は海＝冬／山＝夏という巡環性をもった分節を意識しつつ、ゆるやかにクロノロジカルな配列を採用した。各節の冒頭に列記してある年月日は、節の題名になっている場所における滞在期間を示す。

なお本章の文体が、他の章のそれと異なって、かなり紀行文的であることを予め断っておきたい。私自身の主観をニーチェのテクストや歴史的研究によって検討しなおす努力はした。場所の現状や私の短い滞在期間中の見聞をニーチェの時代に投影してしまうことの危険には、研究中何度も冷や汗をかいた。だがそれでも、ニーチェの歩調や眼差しや息づかいに肉迫するためには、私自身の「パースペクティヴ」ないし私自身の足の記憶を経ることが不可欠であると判断した次第である。

ジェノヴァ

一八七六年一〇月末
一八七七年五月上旬
一八八〇年一一月九日—一八八一年四月二五日
一八八一年一一月—一八八二年三月二五日
一八八二年一一月一九日—五月三日(1)
一八八三年一〇月—一一月末
一八八五年四月九日—四月一〇日

ニーチェがジェノヴァを初訪したのは一八七六年一〇月、バーゼルの自宅からジュネーヴ滞在をへてソレントへ向う長旅の途上においてである。ジュネーヴ発の夜汽車のなかで二人の貴婦人と知り合い、三人で港近くのホテルに宿泊し、散策やパラッツォや絵画の見学を楽しんだ。彼女たちにつきあってVia degli Orfici(金銀細工通り)に立ち寄り、そこで妹へのプレゼントを買ったこと

(1) サンタ・マルゲリータ・リグーレとラパロの途中滞在を含む。

が、[2] 文献学は「言葉の金銀細工の技術」となるべきであるという表現（「ジェノヴァ市ルータにて、一八八六年秋」という銘をもつ『曙光』序文）とか、病状が最悪だったジェノヴァの最初の冬に「なんでも手で触ってみて弁別する金銀細工の技術」を習得したという表現（『この人を見よ』「なぜ私はこんなに利口なのか」）につながったのかもしれない。

ジェノヴァには三日間滞在しただけで、ニーチェは港からソレント行の汽船に乗船した。しかし、内陸に生れ育ったニーチェにとってこれが最初の海体験だった、という事実に注目すべきだろう。彼の心象において、ジェノヴァは〈航海〉や〈船出〉と緊密に連合することになる。一一世紀以降、ジェノヴァは東方との遠隔貿易で繁栄し、地中海の覇をヴェネツィアと長く争った。クリストファー・コロンブス（クリストフォロ・コロンボ）はジェノヴァ人の船乗りであり、旧市街のはずれのソプラナ門のそばに、彼の生家なるもの（一八世紀の再現）がある。一七世紀以降、大西洋貿易の進展やフランス王国の覇権主義に押され、ジェノヴァは歴史の表舞台から退くが、それでもまだニーチェの来訪当時は、今日よりはるかに港湾都市として栄えていた（「ここ、この活発な大港湾都市、年間優に一万隻以上の船が寄港する都市——この都市は私に安らぎと自助自立の生活を与えてくれます」母親と妹宛て、一八八〇年一一月二四日）。一八八二年三月シチリア島へ渡航するおりも、彼はやはりジェノヴァ港から乗船している。これらの事情が「自由精神」の主題とあいまって、詩「『小天使』と呼ばれる小帆船」「新しき海へ」「新しきコロンブス」が生まれたものと思われる。[3]

ニーチェが避冬のためにジェノヴァに長期滞在したのは、『曙光』を執筆した一八八〇年冬から通算四回に及ぶ。毎回下宿したのは、急坂サリタ・デレ・バチスチーネ（Salita delle Batistine）

の途中に建つ黄色い六階建ての建物（八番地）の屋根裏部屋六号室である。「とても歩きでがある！　それに登りだ！　自分の屋根裏部屋まで来るのに、屋内で百六十四段の階段を登らねばならないから。そしてこの家自体がとても高いところにある。つまり急勾配で、それが大きな石段となっているため、至極閑静で、石の隙間からところどころ草などが生えているような険しい宮殿通りに建っているのだ」（母親と妹宛て、一八八〇年一二月五日）。この下宿の女将から、ニーチェは卵とアーティチョークを使った庶民的ジェノヴァ料理を学んだ。ちなみに、隣にある二階屋（十番地）には、若きパウル・クレーがイタリア美術旅行の途上に滞在しており、門の脇に記念プレートが貼られている。

ニーチェはジェノヴァでこの屋根裏部屋を見いだすまでに、矢継ぎ早に三回も転居している。登る苦労にもかかわらず、ここはお気に入りのロケーションだったのだろう。ジェノヴァは、ジェノヴァ湾に落ち込む山並の裾に広がる都市、坂道の都市《まち》であるが、サリタ・デレ・バチスチーネは、下方のにぎやかな旧市街と上方の別荘・邸宅地区との中間地帯に位置する。市の中心部に直結する二百数十メートルの幅広い直線道路であるにもかかわらず、手紙が示唆しているように、石段のせいで馬車が通らなかったおかげでとても閑静な環境だったはずだ。しかも下宿の向いの緑豊かな丘

（2）　エリーザベト・ニーチェ『ニーチェの生涯（下）孤独なるニーチェ』河出書房新社、二〇一二頁。

（3）　「私はコロンブスの町で何年も無駄にすごしたわけではありません」（エルヴィン・ローデ宛て一八八四年八月二二日付け）。

は、市立公園ヴィレッタ・ディ・ネグロである。そのイタリア式庭園のテラスからの眺望は名高く、眼下にジェノヴァの市街と港が一望できるほか、振り返れば山並を眺めることもできる。サリタ・デレ・バチスチーネに居を定めた理由のひとつは、この眺望だったに違いない。

サリタ・デレ・バチスチーネ

サリタ・デレ・バチスチーネを下ると、威風堂々とした市役所や一六世紀のパラッツォが立ち並ぶジェノヴァでもっとも美しい通り、ガリヴァルディ通りに出る。そこから近現代の中心地フェラーリ広場の方向へ三百メートルほど歩けば、イタリア有数の劇場であるカルロ・フェリーチェ劇場に到着する。一八八二年二月、ここでニーチェはパウル・レーと一緒に『椿姫』を観劇し、肺を病んでいたサラ・ベルナールがドラマをなぞるかのように舞台上で吐血するという椿事を眼のあたりにした(母と妹宛て、一八八二年二月一〇日)。彼が一八八一年一一月にオペラ『カルメン』を発見し狂喜したのも、ここだろうか?

ジェノヴァにおけるニーチェの主な散歩コースは、湾のはずれの磯辺と、後背地の丘陵である。「今月こちらはとても天気が良い。夕方になると私は、海や山々や別荘を見おろす葡萄園に腰をおろす。それどころか海水浴もする、『曙光』のわが岩屋で」(一八八一年一一月)。前年の最初の長期滞在のおり、夕暮れの海景を眺めていた彼は、晩鐘時の海と空の色調に苦しいほどの感動を覚えていた（『曙光』四二三）。市街の二キロほど北東、ヴィザーニョ川に面した丘陵の斜面に広がるスタリエーノ墓地も散策コースに含まれており、彼がここの少女の墓に覚えた感動は、詩「スタリエーノ墓地」と「信心深キ、心ヤサシキ、イト愛グシ乙女ヨ」（イタリア語）に結実した（墓地歩き愛好者としてのニーチェ）。

『悦ばしき知識』のなかで、ニーチェは自分が丘陵の中腹からジェノヴァをいかに眺望したかを述べている。

ジェノヴァ。――私は、この都市、その諸々の別荘と庭園、その住宅のある高地や山腹の広やかな周辺を、しばらくのあいだ眺めやった。そして、とどのつまりこう言わずにおれない、過ぎ去った時代の相貌（*Gesichter*）が眼に見えてくる――この地方には豪胆で自主独往の人間たちの肖像がところせましと並んでいる、と。彼らは生きた、生き続けようと欲した――こう彼らは私にむかって、つかの間の時のためではなく幾世紀ものためを思って建てられ装飾されたその家並みをもって、語りかける。彼らは往々にして仲違いしたかもしれないけれど、生を愛した。建築者が、その眼光を、彼の周囲おちこちに建てられた一切のものの上に、またおなじく都市や海や山稜の上に憩わせているさまが、そしてさらに建築者がその眼光をもって威力を振るい征服を行う情景が、いつも私の心に見えてくる。［……］北方にあっては、都市の建築様式を見ると、法則および合法則性や服従といったものにたいする一般的な喜びが、厳めしい感じで私たちに迫ってくる。その場合、そこには、すべての建築者の心を支配したに違い

ヴィレッタ・ディ・ネグロからのジェノヴァ市街の展望

ないあの内面的な平等化と整序化の力といったものが推測される。だが、ここジェノヴァでは、どの街角を曲がっても、諸君の眼に入るのは、海洋や冒険や東洋を知っている独立的な人間の姿、法則とか隣人とかを一種の退屈といわんばかりに忌み嫌い、すでに築かれた古いものの一切を嫉妬のまなざしでじろじろ見る人間の姿である。この人間は、その想像力の驚嘆すべき狡猾さでもって、これら古いものの一切を、少なくとも想念のなかで今一度新しく建てなおし、その上に自分の手を加え、そのなかに自分の意志を挿し入れようと欲するのだ――たとえそれが、自分の飽くことを知らぬ憂鬱な魂がいつとはなしに満足を覚え、眼に映るのはただ自分のものだけとなり他の何ものも眼に入らなくなるような、日射しのよい午後の一刻のことであろうとも」(二九一)

これはヴィレッタ・ディ・ネグロ公園からの展望《パースペクティヴ》かもしれないし、別の地点からの展望《パースペクティヴ》かもしれないが、現実空間のパースペクティヴとパースペクティヴィズムの豊かな輻輳が表現されており興味深い。個々の建物や庭園は、互いに他のパースペクティヴを制圧し吸収しようとするパースペクティヴ＝「力への意志」を含意している。そして、建物や庭をそのような複数のパースペクティヴの闘争と堆積として読み解く〈包括的パースペクティヴ〉として、ニーチェ自身のパースペクティヴが呈示されている。なお、彼が街並みのうちに読み取ったジェノヴァ人像は、「四名家をはじめ、一個人にいたるまで、すべての市民が権利の有無に関係なく、海外商業に参加した。徹底的な個人主義にもとづき、ジェノヴァ都市国家の政府とは、たんに公債発行団体にすぎない[4]」といった、黄金期のジェノヴァ社会の生態にちゃんと符合している。そして少なくともこのテクストによれば、ニーチェが「生」や「意志」の観点から好む都市は、一元的で画一的な計画都市ではなく、多元的で多様な迷宮都市であるということになる。

散歩者の足は丘陵の相当高いところにまで及んだようで、二度目の長期滞在のおり、彼はこんなことを妹に書いてもいた――

私はおまえの手紙をポケットに入れて長いあいだ散歩をし、熟考した。――我々は生涯のあれこれの時期の意味を、当の時期のあいだにはめったに自覚しない。――だが私は今日ジェノヴァを見おろす丘を歩いて行って、神々しい天気のもとで都市と海を遙かに展望したとき、病

（4）地中海学会『地中海事典』三省堂、一九九六年、七九頁。

ラパロのニーチェのホテル

気と回復への緩慢な歩みであったこの二年間が、ひどく明瞭に浮かんだのだ——するとある奇妙な至福の感覚が私の内部から湧き上がってきた。回復しつつある者の至福だ！　私はこれまでなんと憂鬱にこの裏街や小路を歩きまわっていたことだろう。この騒々しい人間たちが欲求と享楽にあくせくしているので、なんと見知らぬものを見るような眼を向けていたことだろう——まるで私が生者たちのあいだで影か亡霊でしかないかのように。だがいまや私は、生に渇した者たちのあらゆる叫びと歓声から、自分の魂のもとに和しているひとつの響き、ひとつの音色を聴きとるのだ。そうだ、妹よ、私は力と勇気と健康をふたたび獲得したのだ！　それは、いささかの苦労もなしに二晩三日でラテン語の懸賞論文を執筆したあの頃の態のような健康ではなくて、日々新たに獲得しなければならない、いっそう精妙な健康だ。（一八八二年一月二二日）(5)

これもまた、別の角度からではあるが、ニーチェのまなざしの機微を照らしてくれるテクストである。そのまなざしは、記憶によって内折され、眼下のジェノヴァの旧市街のにぎやかな迷路に、二年前の自分の亡霊の彷徨を見ている。また同時に、それと異なる新しい分身の歩みも見ている。後者の耳は、二年前は拒絶していた旧市街の生のざわめき——様々な物売りや客引きの声、辻音楽、談笑、怒号——を、自分自身の生をも包括する音色として受け入れる。そして、このような距離をもって二重に自分を見る／聴くことのうちに、ニーチェは新しい質の健康、かつて健康であったときよりも「いっそう精妙な健康」を実感しているのだ。もっとも、これは至極即物的に解釈すれば、健康を回復するにつれて、下宿からより遠く、より高いところまで彼が足をのばすようになった、ということを意味するのかもしれないが。

ルータ、サンタ・マルゲリータ・リグーレ、ラパロ、ポルトフィーノといったジェノヴァ近郊の海辺の小さな町は、史跡や文化施設の面ではジェノヴァに及ぶべくもないが、ニーチェの愛した風光明媚なリゾートである。とりわけラパロは、『ツァラトゥストラはこう語った』の生誕の地として重要であり、エズラ・パウンドが住んだ町としても知られている（パウンドの航路はヴェネツィ

（5）　エリーザベト・ニーチェ『ニーチェの生涯（下）孤独なるニーチェ』一三五頁。

ツォアッリ方面の眺め

アとラパロの二ヶ所でニーチェの航路と交叉している)。

ニーチェが宿泊したのは、町の海岸通りに建つ二階建ての小さなホテル(「荒海が夜の安眠を妨げ、ほとんどすべての点でおよそ気に入ったなどというものではなかった」)で、側壁に記念プレートがある。一八八二年一二月のある日、ここから湾をめぐる日課の散策をするあいだに、一八八一年夏にオーバー・エンガディンで受けていた永遠回帰の啓示を核に『ツァラトゥストラ』第一部の基本構想が結晶し、同書をラパロのホテルにて二月三日から十日間で一気呵成に書き下ろしたといわれる。

――午前中私は南へ向ってツォアッリにいたるすばらしい街道を登って行った。笠松のそばを通り過ぎ、はるかに海を見おろしながら、午後には、健康の許すかぎり、サンタ・マルゲリータからポルト・フィーノの裏手まで湾全体を一巡した。この場所とこの風光をフリードリヒ三世が大いに愛好したと聴いて、私は心にますます親しみを覚えた。一八八六年の秋私は偶然この海岸へふたたび来てみたが、それはフリードリヒ三世がこの忘れられた小さな極楽境を最後に再訪したときであった。――

午前と午後のこのふたつの道で『ツァラトゥストラ』第一部の全体が、とりわけツァラトゥストラその人が、典型として、私の念頭に浮かんできた、いやもっと正しい言い方をすれば、彼が私を襲ったのであった…。(『この人を見よ』「ツァラトゥストラ」)

ポルトフィーノからラパロ，

ポルトフィーノ(6)は半島の先端に位置する港町である。ニーチェが歩いた正確な道はわからないが、私もラパロに泊まったとき、午後、電車で隣駅のサンタ・マルゲリータ・リグーレまで行き、そこからポルトフィーノまで実際に歩いてみた。午前の散歩と同じように野趣の溢れる見晴しのよいコースだった可能性が高いと考え、山腹や尾根筋を上下する鋪装されていない道を辿ってみた。

それはニーチェの場合と異なり夏だったが、途中、オリーブの林、照葉樹や松の林、イチジクに囲まれた農家のかたわらや、龍舌蘭の咲く別荘のかたわらなどを抜ける非常に気持ちのよいハイキングとなった。ときおり紺碧の海が遠近に見えた。ニーチェにとってポル

(6) ニーチェは Porto fino と表記しているが、Portofino が正しい。

ポルト・フィーノへの道

トフィーノへの散歩は日課のようなものだったから、所要時間を単純に比較することはできないが、私は休憩も含め三時間ほどかけてポルトフィーノに到着した。そして、ヨットが停泊している港（モーパッサンが自家用ヨットで寄港したことを記念する碑がある）、教会、城砦などを見物しおえて、岬の最先端の灯台下の展望台に立った頃には、期待どおり夕刻となった。

結末を見つけるすべを心得ている。——第一級の巨匠は、事の大小にかかわりなく、ある完璧なやり方で、その結末を見つけるすべを心得ているということによって、おのれの正体を明らかにする、——それがメロディーあるいは思想の結末であろうと、悲劇もしくは政治劇の第五幕であろうと、かまうことはない。第二級中での一流の者たちときては、結末に向うにつれていつも不安になり、たとえばあのポルト・フィーノの山脈——そこではジェノヴァ湾がそのメロディーを終曲まで歌いあげる——のように、堂々として悠揚迫らぬ均斉のうちに海になびき下るというところがない。(『悦ばしき知識』二八一)

ツァラトゥストラに「襲われた」日、午後からポルトフィーノへ向けて歩いたニーチェも、この岬の先端で夕日に輝く海原を見たのではないだろうか。ここでポルトフィーノ山脈は、まさにいくつかの岩塊に砕けて、交響曲の終曲のようにジェノヴァ湾に沈んでゆく。そしてここからは、キアヴァリからラパロまで、彼が午前中歩いた海岸のパノラマを眺めることができる。一日の昂揚した思考の展開、数時間の歩行、半島の地勢、太陽の運行、これらの力線がみな、その日、この先端で暮れなずむ海へと奇跡のように収束したのではなかっただろうか?

ヴェネツィア

一八八〇年三月一五日-六月二九日
一八八四年四月二一日—六月一二日
一八八五年四月一〇日—六月六日
一八八六年五月（ガスト宅一週間）
一八八七年九月二一日—一〇月二一日

アドリア海のラグーナ（潟）に浮かぶ迷宮都市。数多の詩人や画家と同様、ニーチェもヴェネツィアの特異な地理的・歴史的相貌に深く魅せられた一人であったが、バーゼル大学における教え子で音楽家のペーター・ガスト（本名ハインリヒ・ケーゼリッツ）がそこに住んでいなかったとしたら、おそらく訪ねることはなかっただろう。

ニーチェはガストの誘致を受け、内陸のガルダ湖まで迎えに来た彼に導かれながら、一八八〇年春にヴェネツィアに初逗留した。サン・マルコ広場に近い界隈に二週間ほど仮住まいした後、自分で見つけたフォンダメンタ・ヌオーヴェのパラッツォ・ベルレンディスへ引越した。(1)「今日、新しい住居へ移った。まことにいい場所で、海岸沿いに木陰の長い散歩ができ（ほぼ二十分）、窓からは広々と海を見渡すことができる（街のなかはせせこましかった）。私の部屋は天井まで二十二フィート、奥行き二十二フィートで立派な大理石造り、豪華な階段がついている。それでいて一種妙なみすぼらしさがある」（三月二七日）。「部屋が広くて静かなので、眠るのに都合がいい。私はまだヴェネツィアの街に汚されていない潮風を直接吸っている」（四月二日）。概して慎ましいニーチェの下宿のなかで、これはおそらくもっとも豪勢な下宿である。海岸沿いの心地よいプロムナードとは、ヴェネツィア本島の北東岸中央部をなすフォンダメンタ・ヌオーヴェを指している（Fondamenta とは、護岸された運河岸を意味するヴェネツィア言葉）。このフォンダメンタからのラグーナの眺めは、ゲーテによって称賛され、ターナーによって描かれていた。

海や風との関係や、造りの貴族趣味以外に、ガストの住まいと至近距離に位置するという点が、パラッツォ・ベルレンディスの大きなメリットだったはずだ。ガストは毎日二度もこのパラッツォへ参上しては、眼の悪いニーチェのためにシュティフターの『挽歌』を朗読したり、『曙光』の口述筆記をしたりと献身した。

それ以後のニーチェの住居も、ヴェネツィア本島の同じ地区、カナレッジオ東部内に収まってい

（1） Yann Kassile, *L'Expérience de Nietzsche* (2001) というドキュメンタリー作品のなかで、パラッツォ・ベルレンディスの内部や窓からのサン・ミケーレ島の光景を見ることができる（二〇〇二年五月二日、仏独共通テレビ局アルテにより放映）。

リオ・デイ・ジェズイッティに面して立つペーター・ガストの住居

る。第二回滞在時の住居は、ガストの家自体である。すなわち、リオ・デイ・ジェズイッティ（Rio dei Gesuiti）——フォンダメンタ・ヌオーヴェとカナル・グランデとを結ぶ小運河《リオ》——に面して立つ煉瓦の建物（カッレ・ヌオーヴァ Calle Nuova 五二五六番地）。で、付近は小路《カッレ》が入り組んだ閑静な界隈である——「僕はここのケーゼリッツの家にいて、ヴェネツィアの静けさのなかで、しばしば理想的なヴェネツィア風でさえある音楽を聴いている。ところで彼は、進歩して、いっそう男性的な芸術をつくるようになった。『結婚』の新しい序曲は明るく、強烈で、燃えるようだ」（オーヴァーベク宛て、一八八四年四月三〇日）。『結婚』とは、ガストが作曲した『秘密の結婚』という喜劇的オペラのことで、これはのちにニーチェによって『ヴェネツィアの獅子』と改題された。

第三回滞在の際は、カサ・ファマガリに仮住まい後、カナル・グランデに架かる名高いリアルト橋のたもとに、ニーチェは貸し部屋を見つけた。打って変わって、ヴェネツィアでもっとも繁華な界隈となるわけだが、水辺の眺望、建物の立派さ、ガスト宅からの近さなどは共通する。ただし、彼はほどなくこの下宿の女主人の正体が娼婦——ヴェネツィア名物！——だということに気がつき、カナル・グランデ沿いに然るべき住居を見つけるように頼んでおいたのに努力を怠ったとガストを難じた。

ガストの側の償いなのだろうか、ニーチェのほうもこれに懲りたのだろうか、その後の二度のヴェネツィア来訪では、ニーチェは再びガストの居候に戻っている。存分に愛弟子の演奏を聴いたり、自分でピアノを演奏したりすることが適って、大いに慰められたはずである。

ニーチェにとって、ペーター・ガストという絆で結ばれたヴェネツィアは、何よりも〈音楽の都〉なのだ。『この人を見よ』において、ショパンと「ジークフリート牧歌」と「アルプスの彼方で生育した音楽」以外の音楽は「全部くれてやってもいい」と豪語したニーチェは、さらに付け加える――

> 私はロッシーニの音楽がなかったらどうしていいかわからなくなるだろうし、それ以上に、音楽における私の南国、すなわちわが親愛なるヴェネツィアの楽士ピエトロ・ガスティの音楽なしにはすまされない。そもそも私がアルプスの彼方［の音楽］と言うとき、じつはヴェネツィアだけのことを言っているのである。音楽を言い表わすための語として、音楽という語のほかに何があるだろうかとどんなに探してみても、ヴェネツィアという語しか見つからない。私は涙と音楽とを区別するすべを知らない――私は幸福を、南国を、不安な戦慄なしに考えるすべを知らない。

ペーター・ガストのことをピエトロ・ガスティと戯れにイタリア風に呼んでいるが、そもそもケーゼリッツに、イタリア人に記憶されやすいようにとペーター・ガストという名前を与えたのは、ニーチェであった。ニーチェはガストを、自分の音楽的理想を実現するヴェネツィア的・南方的音楽家と見なしていた——「僕はヴェネツィアの巨匠に負うている一切に深く感謝しているのだ。ほとんど毎年、僕は巨匠を訪問してきた、そして僕は君に、少しも誇張することなく「音楽作品および音楽家」という点で彼は、僕の唯一の希望、僕の慰めにして誇りなのだ、と言うことができる。なぜなら、彼は成長してほとんど僕を超えてしまったからだ」（カール・フォン・ゲルスドルフ宛て、一八八七年一二月二〇日）。

このような過大評価ないし過度の期待の背景には、ガストが思想的次元でニーチェの弟子であったという経緯や、音楽的次元でもガストの創作にかんしてニーチェの積極的関与があったという経緯に加えて、ヴェネツィアが発散する優雅でエキゾティックなオーラや、ニーチェ自身のヴァーグナーへの過剰な対抗意識が作用していたと考えられる。

ヴェネツィアは、ヴァーグナーが終生愛した都市でもあった。彼は五度目の来訪中にパラッツォ・ヴェンドラミン・カレルジ——ニーチェが住んだのと同じカナレッジョ地区——で心臓発作により一八八三年二月一三日に亡くなった。そのことを、ニーチェは翌日ラパロのホテルで知り、それが『ツァラトゥストラはこう語った』第一部の擱筆と一致していたことに戦慄した。深いショックを受けながらも、彼はこの偶然を、自分がヴァーグナーの超克者にして継承者であるということの徴として、肯定的に解釈した。それだけに音楽面での同様の超克＝継承者を、彼はなんとしてもガストのうちに見いだしたかったのだろう（ビゼーはすでに、『カルメン』を完成させた一八七五年に早世していた）。

ニーチェはパラッツォ・ベルレンディスの窓からの眺めを、オーヴァーベクにこう報告している――「私の要望どおり、狭苦しいラグーナではなく、海ぎわのように広々として、死者の島が視界に入る」。海のように広々としたラグーナに浮かぶ「死者の島」とは、サン・ミケーレ島のことにほかならない。

これは、ヴェネツィア共和国を葬ったナポレオン一世の命により、共同墓地となった方形の島である。フォンダメンタ・ヌオーヴェの波止場からは、わずか四百五十メートルしか離れておらず、頻繁にヴァポレット（水上バス）が行き来している。この広大な墓地もまたニーチェのお気に入りのプロムナードだった。『ツァラトゥストラはこう語った』第二部「墓の歌」の舞台「墓の島」のモデルは、サン・ミケーレ島に違いない。

「あそこに墓の島がある、沈黙の島が。あそこにはまた、わが青春の数々もある。あそこへ私は、生の常緑の葉環をひとつ携えていこう。」

このように心を決めて、私は海を渡っていった。――

サン・ミケーレ島（フォンダメンタ・ヌオーヴェより）

「墓の歌」には、葬ったはずの「わが青春の幻影や幻像の数々」「今は亡きわが最愛のともがら」などとともに、「重苦しい歌曲」を歌う「殺人的な歌い手」の思い出が登場する（本書第三章「ディオニュソスの変容」参照）。『ツァラトゥストラ』第二部が執筆されたのは、ヴァーグナーの死の数カ月後である。ヴェネツィアを愛したヴァーグナーがヴェネツィアで亡くなったせいで、ヴァーグナーの思い出が、フォンダメンタ・ヌオーヴェから船に乗ってサン・ミケーレ島へ通った三年前の思い出と融合したのだろう。

本書の読者には、ヴェネツィアへ行かれたなら是非サン・ミケーレ島に寄られるようお勧めしたい。ヴァーグナーはもちろん、ニーチェのいかなる知人もここに葬られてはいないが、ひょっとすると常緑の糸杉やオリーブの芳香のなかで、イゴール・ストラヴィンスキー、セルゲイ・ディアギレフ、エズラ・パウンド、ニーチェと同じくフォンダメンタ・ヌオーヴェの散歩を愛したヨシフ・ブロツキーなどの芸術家の幽霊に出会えるかもしれないから。サン・ミケーレ島は、一九世紀以降の文化的コスモポリス・ヴェネツィアの、もっとも雄弁な証人なのだ。

詩「わが幸福！」（『悦ばしき知識』「プリンツ・フォーゲルフライの歌」）は、「サン・マルコの鳩たちと、われ、今ふたたび　相見《まみ》えぬ、／広場は　静けくたたずまい、午前は憩いてそこに在り。」という文からはじまる。そして、第四聯において、音楽を聴きたいという欲望を覚えた語り手は、こう自らをたしなめる――

　去れよ迅く、去れよかし　音楽よ！　先ず影の濃きを増し、
ついに鳶色の　温き夜となるを　待て！
今はなお、調べには早き　日中《ひるなか》なり、黄金の
飾り具も　未だ　灯火《ともしび》の　薔薇色なす絢爛に　煌めきてあらず、
　今はなお、日中《ひるなか》の　ありあまりて残れるなり、
詩作《うた》り、忍び歩き、はた孤独なる密談にこそふさわしき　日中《ひるなか》の、
――わが幸福！　わが幸福！

観光客ではなく長期滞在者の立場から書かれた詩であること、サン・マルコ広場が彼の散策のコ

ースに組み込まれており、すでに彼がこの広場をたびたび訪れていることがわかる。また、彼の散策＝詩作が、午前中から夕方にまで長時間に及ぶものであることもわかる。毎日夕方にはサン・マルコ広場でコンサートが開かれることを、彼は知っている。「薔薇色の絢爛」に煌めくことになるのは、広場を囲む柱廊だろう。そして、これは正確な色彩描写だろう。貴金属店が並ぶ柱廊に取り付けられた灯火――当時は電燈ではなくガス燈――のヴェネツィアン・ガラスは、淡いピンク色をしている。

ニーチェがこの広場にたびたび足を運んだのには、この詩で述べられている理由以外の理由もあったと推測する。広場の端には由緒あるサンソヴィニアーナ図書館とマルチャーナ図書館が存在する。また拱廊のなかには、数軒のヴェネツィア有数の書店（現在はない）や、カフェ・フローリアンとカフェ・クワドリというヨーロッパ最古級の豪奢なカフェ（ゴルドーニ、カサノヴァ、ゲーテ、バイロン、スタンダールなど数多の文人が称賛している）が入っている。

ところで、「わが幸福！」の第三聯で、サン・マルコ寺院の鐘楼《カンパニーレ》の姿を「フランス語のアクサン・テギュのごとし」と形容していることが、私にはながらく疑問だった。アクサン・テギュとは、Éというように、Eの上に付されて「エ」という音を鋭音化する記号。尖った三角屋根を戴いた九十六メートルの塔のシルエットは、フランス語の補助記号を引き合いに出すなら、むしろアクサン・シルコンフレックス付のI、すなわちîに似ている。鐘の音にもかけた比喩なのか？　しかし、アクサン・テギュによる明るく鋭いエの音は、「深き音色もて」という鐘の音の表現と矛盾する。

私は二度目にサン・マルコ広場を訪ねた日、そんな疑問を蒸し返しながら、広場の奥から塔のほ

サン・マルコ寺院前から見上げた鐘楼

うへゆっくり歩んだ。するとふいに、これは詩人の視点の問題なのでは、という考えが浮かんだ。そこで、自分の立ち位置をいろいろ調節してみた。

屋根の線は、遠方から見れば鋭角的な二等辺三角形をなすが、鐘楼の左脇に近づき見上げるにしたがって、左側の辺のほうが右側へ延び傾くようになる。そしてほぼサン・マルコ寺院のファサード全体をほぼ正面中央から視野一杯に見ることのできる地点まで来ると、鐘楼の上部が「E」に見えなくはない。上部を縁取り区画しているラインをEに見立てるのだ（写真参照）。

この仮説を補強してくれるファクターが、さらにふたつある。鐘楼が歌われる直前の第二聯で、詩人はサン・マルコ寺院のファサードを鑑賞している。したがって、その立ち位置をほとんど変えることなく、彼はつぎに右前方に聳える塔を見上げた、という解釈が成り立つ。また、詩人が「汝、毅然たる塔よ、獅子の気迫もて／ここにそそり立つ、かちどきあげて　いと軽々と！」と鐘楼に呼びかけていること。この「獅子」は、ヴェネツィアの守護聖人サン・マルコの象徴である有翼の獅子にちなんだ形象として解釈されてきた。それは間違いではあるまいが、私が注目したのは、サン・マルコの角柱状の鐘楼の上部（Eの部分）の四面のうち、二つの面そのものに大きく獅子が浮き彫りにされている事実である。サン・マルコ広場においてこの獅子の勇姿を拝めるのは、寺院のファサード前の位置からのみなのだ（もう一匹の獅子は反対面におり、小サン・マルコ広場か船上からでないと見られない）。

なお、サン・マルコ広場における鳩と獅子という取り合わせは最終的に、『ツァラトゥストラはこう語った』最終部・最終章「徴」へ、「大いなる正午」の徴へ、結晶するにいたる。朝、旅支度を整えて洞窟から出た賢者は、無数の羽搏きと、獅子の咆哮を耳にする――

「徴が来た」とツァラトゥストラは語り、彼の心は変化した。そして実際、彼の面前が明るくなったかと思うと、彼の足もとに一匹の黄色の美しい獣が横たわっていて、頭を彼の膝にすりよせ、愛のあまり彼から離れようとせず、さながら自分の昔の主人に再会した犬のように振舞った。だが鳩たちも、その愛にかけて獅子に劣らず熱烈であった。そして、鳩が獅子の鼻先をかすめて飛ぶたびに、獅子は頭を横に振っていぶかりながら、笑った。

ニーチェがヴェネツィアに滞在したのは、ヴァポレットの登場により主要交通機関の王座からゴンドラが転落しつつあった時期にあたる。とはいえ、ゴンドラはまだ今日のように高価な観光物件に陥ってはおらず、ニーチェもしばしば移動にゴンドラを利用したはずだ。彼は第三回ヴェネツィア滞在時の覚書のなかに、こんな観察を記している――「ヴェネツィアの貧乏なゴンドラ漕ぎは、今でもベルリンの本物の官吏より立派に見えるし、結局のところ、立派な男なのだ」。

「わが幸福！」では、ヴェネツィアの鳶色の夜の音楽が、詩人によって回想＝予想されるにとどまるが、一八八八年の作「ヴェネツィア」（『この人を見よ』「なぜ私はこんなに利口なのか」）では、ゴンドラ漕ぎの登場によってそれが詩人の耳に届けられる。全体を引用しよう――

先頃、鳶色の一夜、
われ　橋のほとりに佇みき。
遠きより歌声の流れ来て、
黄金色なす水の雫、
打ち震う水面《みなも》に湧きては　流れ去りけり。
ゴンドラと　灯火《あかり》と　音楽と――
なべて酔いて、漂い出でては　小闇《さやみ》のなかにまぎれ離《さ》かりぬ……
そのとき、わが魂　弦《いと》の調べのごと、
ひとり、見えぬ手に奏でられつつ、
秘めやかにゴンドラの歌うたいたり、
目も文《あや》なる至福にしも打ち震えつつ。
――誰か　その歌に耳傾けし者ありや？　……

「夜の歌」(『ツァラトゥストラはこう語った』第二部)と共通する水―歌―静けさ―闇夜。これをリアルト橋での体験とする解釈があるが、歌が遠くでも聴こえるほどの静けさや、ゴンドラを呑み込む闇の濃さを考慮すれば、裏通りの小運河の橋での体験と考えたほうが自然だ。たとえば、リオ・デイ・ジェズイッティのちょうどガスト宅前にも、それらしい太鼓橋が架かっている。「見えない手」は、弦を弾くヴァイオリニストの手であるだけでなく、闇に消えたゴンドラ漕ぎの櫂をあやつる手でもあるのかもしれない(ゴンドラの艫《とも》は、ヴァイオリンの首に似ている)。それにしても特異なのは、ゴンドラが見えなくなって歌が遠ざかったそのとき、「わが魂」が改めてその歌を無言で反復する点であり、さらに詩人がその聴き手の有無を自問する点である。私たちはこれを、つぎの覚書と関連づけて解釈しておこう。

森の小川のほとりを歩む際には、私たちの念頭にある旋律が、もろもろの強い震える音となって聴こえてくるように思われる。いやこの旋律は、ときとして、私たちの追跡している旋律の内的な表象に一音だけ先行しているように思われ、ある固有の自立性に達するが、この自立性は錯覚にすぎない。(『生成の無垢』上、一〇一三)

問題となっているのは、いわば「自然のなかの分身現象」の聴覚ヴァージョン、音楽ヴァージョンである。おそらくゴンドラ漕ぎの歌は、夜の散策中のニーチェのうちに潜在的に展開していた内的旋律をなぞった。だから、ゴンドラが去ったときに、この内的旋律が外的な舟歌の残響のように聴こえたのだろう。それは、他者には聴こえない「秘めやかな歌」に違いないが、反響を求めてやむことがない。小川のせせらぎではなくゴンドラ漕ぎの既成の歌が問題となっている点は、確かに、引用した覚書との大きな違いである。けれども、その歌の聴取自体が、小運河の静かな水音の音楽に先立たれていたのだとしたら……。

『ヴェネツィアの獅子』（強調は引用者）とニーチェが改題した『秘密の結婚』の第四幕は、「ゴンドラの船頭の歌」である。一八九〇年一月九日、ニーチェはオーヴァーベクに引き取られ、トリノ駅からバーゼル行の列車に乗った。夜中ふとオーヴァーベクが目を醒ますと、狂人は「ヴェネツィア」を途切れ途切れ奇妙な節まわしでうたっていたという。

オーバー・エンガディン

一八七九年六月一日―九月一七日(サン・モリッツ)
一八八一年七月―一〇月(シルス゠マリア)
一八八三年六月―一〇月(シルス゠マリア)
一八八四年七月―九月(シルス゠マリア)
一八八五年六月―九月(シルス゠マリア)
一八八六年六月―九月(シルス゠マリア)
一八八七年六月―九月(シルス゠マリア)
一八八八年六月―九月(シルス゠マリア)

ドナウ河の支流のイン川のことを、レト・ロマン語ではエン川と呼ぶ。オーバー・エンガディンとは、イン川渓谷上流域を意味する。思いきって単純化すれば、ニーチェはバーゼル時代末期以降、鉱泉と夏の冷涼な空気を求めてスイス中央台地からアルプスの奥へ高地へと分け入り、オーバー・エンガディンにいたったといえる。万年雪を戴くベルニナ山塊とコルヴァッチュ山塊に挟まれた海抜千八百数十メートルの峡谷を、南西から北東にイン川が流れ、その十五キロほどのあいだに、シルス湖、シルヴァプラーナ湖、チャンプフェール湖、サン・モリッツ湖という四つの湖が数珠つなぎに並んでいる。文字どおり高山と湖のみの地帯。平地は、湖と湖に挟まれたわずかな湿地ないし牧草地しかない。

バーゼル大学を辞めた直後の夏、ダヴォスに近いヴィーゼンで三週間を過ごしたのち、ニーチェは「本場の鉱泉療法」を体験しようとサン・モリッツを訪れた。サン・モリッツは、サン・モリッツ湖西岸の山裾の中心地区サン・モリッツ＝ドルフと、その数十メートル南下の低地サン・モリッツ＝バートにわかれるが、ニーチェが借りた自炊のできる一軒家があったのは前者のほうである。

彼は頻発する発作に苦しみながらも、サン・モリッツを絶賛している——「サン・モリッツは、確実にぼくのためになる唯一の場所です——毎日、天気の良い日にはここの空気をありがたく思っています。ですから何度となくここへやって来ることになるでしょう。いまからわかっています」（母宛て、一八七九年七月二一日）。『人間的、あまりに人間的』II・第二部の主な断章が書かれたのはこのときであり、そのなかにはサン・モリッツ近辺の光景の異様に美しい記述が読まれる。たとえば「自然のなかの分身現象」と題された断章（本書第三章「パースペクティヴィズム2」参照）の一節——「このいつもうららかな一〇月の空気のなかで、朝から晩まで悪戯っ子のように楽しげに戯れる風のこの息吹きのなかで、この澄みきった明るさとこのうえなく穏やかな涼気のなかで、すさまじい永遠の氷雪の傍らに何の怖れもなく横たわるこの高原の丘陵や湖沼や森林が全体として醸しだす、優雅なうちにも厳しい雰囲気のなかで、イタリアとフィンランドがひとつに結びついたような、そして自然のもつあらゆる銀色の色調の故郷であるかに思われるようなこの土地で(1)」。

この土地は、一八〇〇メートル以上の高度にあるとともにスイスの最南端（イタリアとの国境近く）に位置するがゆえに、北方的な特徴と南方的な特徴を兼ねそなえている。しばしば雲の層よりも高いがゆえに、晴天が多く、渓谷の向きのゆえに、日照時間が長く、希薄な空気ゆえに、太陽光線が強い。アルプスで雪を降ろした空気は、非常に乾燥している。豊かな水辺にありながら、ヴェネツィアでニーチェを悩ませた暑気と湿気から免れた土地……。北方性と南方性、水辺と乾燥という矛盾しがちな特質を止揚しているという点において、夏のオーバー・エンガディンは、冬のリヴィエラと共通する。『この人を見よ』「偶像の黄昏」でニーチェは、一八八八年九月三日のシルス＝マリアの朝をこのように描写している──「そのとき私の眼に映ったのは、オーバー・エンガディンがかつて私に見せてくれた日のなかで最高の日であった──透明で、とりどりの色が燃えるようで、氷と南国とのあらゆる対立、あらゆる中間を含んでいて(2)」。

実際、私自身もその特異な空気には驚ろかされた。雲ひとつない真夏の晴天下、湖畔を歩きつづけているのに、指にやけにさらさらした感覚をおぼえる。不審に思って両手を見てみると、汗ばんでいるどころか、なんと皺がことごとく乾燥して白っぽくなっていたのだ。

オーバー・エンガディンの大気と光が一九世紀末に新たな美的感興を喚起したことは、ジョヴァンニ・セガンティーニ（一八五八-一八八九年）やフェルディナント・ホドラー（一八五三-一九一八年）の風景画や、マルセル・プルースト（一八七一-一九二二年）の文学が証左している。ミラノ生まれのセガンティーニは、もともと暗い褐色の古典的な絵画を描いていたが、一八八六年にオーバー・エンガディンの風光と出会い、それを表現するために後期印象派を吸収した独特の点描法を編み出し、一八九四年にシルス゠マリア湖畔のマロヤ村へ移住した。彼の教養のなかでニーチェとヴァーグナーは重要な位置を占めており、サン・モリッツのセガンティーニ美術館では、『曙光』の挿画用の素描「新世紀の告知」（一八九六年）を見ることができる。

プルーストは、「マイナー文学」の概念の形成をドゥルーズに促した作家であるが、持病の喘息の関係でヨーロッパの様々なリゾートを経巡り、小説にリゾート文化を繊細に書き込んだ作家でもある。彼は一八九三年八月にサン・モリッツ゠ドルフのホテルに三週間逗留し、鱒釣りを楽しみ、湖や氷河を観光した。短編小説『臨在』の夕暮れのシルス゠マリア湖の描写は、『曙光』五五四を思わせる。(3)『臨在』の一人称の語り手が、「同時に二つの甘い名前をもっている」エンガディンの諸地名に耳を傾け、「ドイツ語の響きも高い夢の世界が、イタリア語のなかにまさに消えるかのように漂っている」と述べていることもまた、私たちにとって興味深い。後年の『失われし時を求めて』第一篇第三部「土地の名――名」の先触れをなしているばかりでなく、言語的次元において南方と北方を混淆しながら、マイナー文学的実践をかたちづくっているように思われるからである。

（1）本書第三章の「パースペクティヴィズム2」に引用したテクストの省略部。九月までしか滞在していないのに一〇月となっているのはなぜだろうか？『人間的、あまりに人間的』II・第二部のなかのサン・モリッツ体験を語る断章は、ほかに二九五と一三七を参照。

（2）ガスト宛て、一八八一年八月一四日付け書簡をも参照。

（3）プルーストのニーチェへの言及は、書簡にも『失われし時を求めて』にも見られるが、オーバー・エンガディンとニーチェの因縁をプルーストが知っていたか否かは明らかでない。

シルス=マリアのニーチェの下宿屋の玄関から

さらに上流に位置する小村シルス=マリア[4]をニーチェが見いだしたのは、ちょっとした偶然からだった。一八八一年七月初旬、ミラノからの夜行列車でサン・モリッツに到着したものの、宿泊するつもりだったホテルは満員だった。そのとき、車中で知り合ったエンガディン人が彼にシルス=マリアを紹介したのだ。

シルス=マリアはサン・モリッツの南西に十二キロの距離にあり、ニーチェは郵便馬車を利用したはずだ。かくして、シルヴァプラーナ湖とシルス湖のあいだの平原の南東側の山際の集落の中心部にあるドゥリシュ家の田舎家で、ニーチェは七回の夏を過ごすことになる。

今日、この二階屋はニーチェ博物館になっており、二階のニーチェの下宿を見ることができる。ニーチェが書簡で嘆いているとおり確かに天井が低く、崖向きに窓がひとつしかなく、暗く寒そうな小部屋だが[5]、ツァラトゥストラの住む高山の洞窟のモデルのひとつは、この部屋なのだろう。家の門を出ると、いきなり眼前に三〇〇〇メートルの山塊が立ちはだかる。

私はニーチェが永遠回帰の啓示を受けたときの風光を味わいたいと思って、二度、八月初旬にオーバー・エンガディンを旅行した。

一度目は、あいにく三日間の逗留のうち初めの二日、晩秋のように冷たい驟雨に祟られた。けれども、書簡に照らして考えなおせば、この悪天候もエンガディンの特色ないしニーチェのエンガディン体験とそれなりに対応していると思われる。病める旅人は、シルス＝マリア滞在のたびに、好天を絶賛したかと思うと数日後には、大気中の電気だとか、寒い陰鬱な雨天、突然の嵐、あるいは反対に蒸し暑さを嘆いている。広域にわたって均質な平野の気候にたいして、状態の迅速な変化と局地性こそ、ヨーロッパ大陸の南北をわかつ山脈中の渓谷の気象を特徴づけるものだろう。とすれば、晴天を基調としながらも激変の可能性をはらんだ空が、自然環境にたいする彼の鋭敏な感受性に磨きをかけたのかもしれない。谷の空は、完結性をもったスペクタクルである。そして長時間の

（4）日本のニーチェ研究の領域ではもっぱら「ジルス＝マリア」と表記されているが、現地の観光局で「シルス＝マリア」以外ではありえないことを再確認した。レト・ロマン語ではセーグル＝マリア。S音ではじまるレト・ロマン語地名は、そのドイツ語ヴァージョンの綴りについても、ドイツ語の通常の規則に反してZ音ではなくS音で発音される。したがって同様に、ジルヴァプラーナではなくシルヴァプラーナが正しい。

（5）ガスト宛て、一八八三年六月末日。

朝のシルス・マリア湖　半島からの眺め

散策を習いとする病者にとって、天候変化の予知は、人一倍肌身にかかわるスキルであったはずだ。

　二度目の五日間の逗留のときは、幸いにも最初から最後まで雲ひとつない晴天がつづいた。私が宿泊したのは、ニーチェが書簡で言及しているエーデルワイス・ホテル[6]――彼の下宿のほとんど隣に建っている――である。ロビーには驚いたことに、ニーチェの名が記された一八八三年の宿帳の頁が額に入って展示されている――「réception : Dr. Nietzsche/état : Professor/domicile: Genova」。ホテルのレセプション係の筆によると思われるが、項目名はフランス語表記なのに、欄内はドイツ語で書き込まれており、ローマからシルス＝マリアへやって来た客なのに、住所がジェノヴァとなっていることが、なんとも面白い。この年の四月二〇日にジェノヴァから出された手紙には、なるほど「二五日まではまだ私はジェノヴァ市民です（今の私は心底からまったくのジェノヴァ市民となっています）」（マイゼンブーク宛て）とある。それにしても、宿帳に記載されているということは、なんらかの事情で一時的にエーデルワイス・ホテルに泊まったということだろうか？

このホテルは、外観はエンガーディン風の簡素な造りだが、内部はベル・エポックの優雅な雰囲気を残している（四三ページの写真参照）。とくに食堂は内装も料理も見事で、「優秀な旅館エーデルワイス・ホテルで食事をとっている――もろん独りぼっちでね、それから僕の乏しい財力につりあうような値段のね」（ガスト宛て、一八八三年六月末日）とニーチェが書いていたことが腑に落ちた。

一泊した翌朝、私はシルス＝マリア湖に突き出た半島を散歩してみた。「ここに理想的な犬小屋のようなものでも建てられるほどのお金が欲しい。二部屋の木造家屋。しかもシルス湖のなかに突き出ていて、かつてはローマの要塞が建っていた半島にね」（同書簡）と彼が述べている場所である。このロケーションは、バーゼル時代前期に彼が二十三回も訪問したというフィーアヴァルトシュテッテ湖畔のヴァーグナー邸（ルツェルンのトリプシェン）のそれにとても近い……。半島の先端には、『ツァラトゥストラ』第三部「第二の舞踏の歌」の数え歌を刻んだ巨岩がある。そこからは、民家は視界に入らず、三、四〇〇〇メートル級の山嶺の倒像が幻想的なほどくっきりと反映している紺色の湖面がどこまでも見渡せる。「山の中での彼の最大の喜びは、幾つかの小さな湖に出会うことである。それはそのなかから孤独そのものが自分を見つめているように彼には思えるのであ

（6）同書簡。

る」(『人間的、あまりに人間的II』第一部・四九)という文章や、「山を――それも死せる山でなく、眼をもった(つまり湖をいだいた)山を愛すること」(『道徳の系譜学』第三論文・八)といった文章を思い出す。

詩「シルス=マリア」によれば、ニーチェがシルヴァプラーナ湖畔で永遠回帰の啓示を受けたのは正午である。啓示場所から徒歩二十分あまり先のところにあるシルヴァプラーナ村の郵便局へ立ち寄り、なじみのレストランでおそらく昼食をとる予定だったのだろう。私は一度目に来たときに、シルス=マリアから啓示の場所まで普通に歩いて一時間強かかることを確認していたので、十一時にシルス=マリアを出発した。

あの日私はシルヴァプラーナ湖に沿って森を幾つか通り抜けて歩いていった。スールレイ近くにピラミッド型をして聳えている巨大な岩があり、私はそばで休止した。そのとき、この思想が私に到来したのであった。(『この人を見よ』「ツァラトゥストラはこう語った」)

この記述からすると、一八八一年八月初旬のある日、ニーチェは下宿からシルヴァプラーナ湖の南東岸を廻る道を辿ったと考えられる。下宿の前の村道を左へ行くと、牧草地を経て――私の二十メートルほど先を仔鹿が走って横切った――シルヴァプラーナ湖の北岸にいたる。そこから右に湖岸に沿って行くと、ほどなく曲折する山道となる。道ばたや林間では、クサヤナギ、マーガレット、ワレモコウ、アザミ、リンドウ、ツリガネソウ、エンドウ類、ヨメナ、キンポウゲなどが短い夏を謳歌している(『あなたの洞窟から出られよ。世界はさながら花園のようにあなたを待っている』、『ツァラトゥストラ』第三部「回復しつつある者」)。サルオガセの垂れた樅の梢ごし左手下方に青緑の湖水を垣間見たり、飛沫をあげる早瀬を渡ったりしながら「森を幾つか通り抜け」ると、下り坂となり、再び湖岸に出る。するともう「ピラミッド型して聳える巨岩」を遠望することができる。何の標示もないが、右手に山裾が迫った道の左わきに単独にやや湖水へ突き出して立っている二メートルほどの岩なので、それ自体がマイルストーンのごとく目立つ。しかも、なるほどと納得する絶妙な場所にあるのだ(一六二ページの写真参照)。

滝となって下ってきた渓流が岩の背後で湖に注ぎこみ、明るい砂利浜をかたちづくっている。私が尋ねたとき二度とも、ニーチェの故事なぞ知らぬげにハイカーがそこで休憩していた。シルス＝マリアから歩いて一時間あまり、途中、休憩にふさわしい場所もないので、誰でもちょうどこの辺で腰を降ろしたくなるところだ。その日、ニーチェもまた快い疲労を覚えたことだろう。

シルス＝マリア

ここに坐り、われ待ちに待つ、――何を待つということもなく、
善悪の彼岸に、ときに光を、
ときに影を　楽しみ――ただ戯れのみ、
ただ湖、ただ正午、ただ目的なき時。

そのとき、突如、女友達《とも》よ！　一は二となりき——
——と　ツァラトゥストラ　わがかたえを通り過ぎぬ……
（「プリンツ・フォーゲルフライの歌」）

「女友達《とも》よ」とは、ザロメを念頭においた呼びかけである。「ここに坐り」の「ここ」とは、この砂利浜に違いあるまい。湖水にやや張り出した浜は、散歩者に、来し方（シルス）を振り返らせるかたちで、途上では享受できなかった展望を提供する。シルヴァプラーナ湖が渓谷に沿った細長い形状をしている関係で、「ここ」から見ると、湖と空が南西への深い奥行きを獲得し、視界の左右から中央の消失点へ降りてくる山陵のV字の重合も美しく際立つ。(7) 散歩者の身体は、諸力の絶妙な集中と均衡を感受していたのだろう（九四～九五ページのパノラマ写真参照）。

彼は二年前の夏、オーバー・エンガディンのランドスケープをこんなふうに記述していた——「ここでは渓流が幾つもの方角からひとつの深淵をめがけて突進している。その動きがじつに激烈で眼をくらまさんばかりなので、周囲の禿げ山や森に覆われた山の切り立った斜面が単に落ち込むのではなく、まるで下へ逃れ去っていくように見えるほどである。こういう光景を見ていると、まるで何か敵意に満ちたものがすべての背後に隠れていて、深淵が我々をそれにたいして護ってくれるような、不安に満ちた気持ちに引き締められる思いがする」（『人間的、あまりに人間的』II・第二部・一三七）。岩が剝き出しになった高山は、自然が大地に振るう鑿のはたらきを最高に可視化している。シルヴァプラーナ湖の「ここ」では、幾筋もの渓流が深淵へ突進するさまが眼前に見えるばかりか、背後から一筋の渓流が、坐っている観照者のもとへと走り寄ってくる。右手の山脈のうえには、正午の太陽（絶頂かつ転回点）が君臨している。山塊・雪解け水・地下水・太陽光線・風——これらの諸力の集合した深淵が〈湖〉にほかならない。そしてさらに、周囲の山岳の雛形を演じつつ、この総体に強度をもたらす結晶核のごとき要素がある。左手のピラミッド型の岩（滝つ瀬が山から運んできたものではないだろうか）であり、また同時に坐る者自身である。彼はこの「善悪の彼岸」から、緑の深淵が万象を果てしない光と影の戯れへ還元しているのを眺めている。辿って来た行程（過去）も、帰路（未来）も、この戯れのなかに含まれている。正午を告げるシルヴァプラーナの教会の鐘の音が聴こえる。

〈太陽‐天空‐水面〉の三身一体は、ニーチェの著作において永遠回帰の風景として繰り返し現れる。それは、「シルス＝マリア」の直前に置かれた詩「新たなる海へ」にも見られるように、みずからを観照し享受する究極の眼差しでもある——「すべて新たに　いよいよ新たに　われを照らす、／時間をも空間をも眠りにおしつつむ正午——、／汝の眼ひとり——もの凄く／われを凝視める、汝　無限よ！」。「正午」の眼に照らされた歩行者の残像が、休んでいる彼自身を追いこすように（「一は二となりき」）、ツァラトゥストラは到来したのかもしれない。

（7）　一九〇七年にシルヴァプラーナに逗留したホドラーも、シルヴァプラーナ湖の展望をこの近辺から描いている（『シルヴァプラーナ湖』）。

シルヴァプラーナ湖畔のピラミッド型の岩

この啓示は、心身の昂揚が数日におよぶほど深く強烈なものだった。

ねえ君、歳月が流れて、今また頭上には八月の太陽だ。山や森は静かになって、平和がやってきた。僕の地平のうえには、まだ考えてもみなかったような思想が立ち昇っていたのだ、――そのことはなにひとつ洩らさないでおいて、今は揺るぎないこの静穏のなかに身を置いておこう。生きていかねばならぬとしても、きっともう二、三年のことだろう！　ねえ、本当はひどく危険な生活を送っているのだと、そんな考えがおぼろげに僕の頭を掠めることもしばしばだ。なぜって、この僕は、破裂してしまうかもしれない機械の一部だからだ！　僕の感情が強まったり、弱まったり、そのたびに僕は戦ったり、笑ったりしており、――もう二、三度、部屋から出ていけないこともあった、というのもおかしな理由からで、――つまり僕の眼が赤く充血してしまったものだからね、なぜかって？　そんな眼の充血する日の前日には、決まって僕は散歩に出かけて、さめざめと涙を流してしまったからだ。涙といっても、感傷の涙ではない、歓呼の涙だ。そんなときの僕は、どんな人にも先がけて僕には見える新しい眺めに満たされ、歌をうたったり、意味のないことを口走ったりしたものだ。(ガスト宛て、一八八一年八月一四日)

ニース

一八八三年一二月二日—一八八四年四月二〇日
一八八四年一二月八日—一八八五年四月八日
一八八五年一一月中旬—一八八六年五月初旬
一八八六年一〇月二二日—一八八七年四月二日
一八八七年一〇月二二日—一八八八年四月二日

いま私の机のうえにエズの石がある。ややオリーヴがかった石灰岩で、風化した表面は白っぽく粉を吹いているが、手にとってみると意外に重く、アルプス造山運動の巨大な圧力を経ていることが実感される。ツァラトゥストラが踏みしだいた石なのかもしれない……。

その年［一八八三年］の冬、私の生の中へ初めて輝きを射し込んできたニースの凪日和のもとで、私は『ツァラトゥストラ』第三部を見いだし——そして完成した。全体をとおして一年とたっていない。ニースの風景の目立たぬ多くの地点や丘などが、忘れがたいさまざまな瞬間

エズ駅よりエズ村の岩山

によって、私には祓い浄められている。「新旧の諸石板」と題されたあの決定的な章は、駅からムーア人のすばらしい岩の砦エズに向うひどく骨の折れる山道を登る途すがら作られたものである。[1]（『この人を見よ』「ツァラトゥストラ」）

「駅」とあるのは、地理的関係から考えて、ニース駅ではなくエズ＝シュル＝メール駅（ニースの東方約八キロ、モナコとの中間地点）だろう。実際、鈍行のみ停車するこの海辺の無人駅で降りて自動車道路を渡ると、「Sentier Nietzsche（ニーチェの小道）」という道標がすぐに見つかる。海辺から一挙に灰白色の壁のような岩山がそそり立っており、その山頂のエズ村めざして、「ひどく骨の折れる」ごつごつした石だらけの狭い山道をニーチェのステップを踏む気持ちで登ると、冬でも汗が出

（1） 白水社版『ニーチェ全集』第四巻（第II期）による。ちくま学芸文庫版『ニーチェ全集』では、「冬」が「夏」に、「駅」が「ニースの駅」になっている。

エズ村

て来る。私は谷間から海が望めるところで休憩をとったりしながら、一時間三十分ほどでエズ村に到着した。山道の終るあたりの石垣に、『この人を見よ』の一節を記した石板が嵌め込んであった。

エズは、コート・ダジュールに多い「鷹の巣村」の典型だ。船でやって来る外敵から身を護ったり、海原を監視したりするために、海抜四百二十メートルの山頂に小さな村がへばりついている。石造りの素朴な家並みのあいだを、階段やアーチの多い狭い道が迷路のように入り組み、絡みあっている。強風対策と防衛対策を兼ねた造りにほかならない。ここに最初にフェニキア人がイシスの神殿を築いて住み――エズの地名はイシスに由来する――、ついでケルト系のリグリア人が、さらにローマ人が、そして中世にはサラセン人――ニーチェが「ムーア人」と言っているのは彼らのことなのだろう――が移り住んだという。地中海史が凝縮されたかのような攻防の地。城塞の跡地から俯瞰する地中海の眺めは、壮観の一言につきる。

予測できないからこそインスピレーションはインスピレーションなのだとはいえ、「ニーチェの小道」には、『ツァラトゥストラ』のインスピレーションにまつわる他のふたつの道（サンタ・マルゲリータ・リグーレ―ポルトフィーノ、シルス＝マリアーシルヴァプラーナ）と驚くほど共通した特徴がある。一、湖であれ海であれ、豊かな水の広がりを焦点としていること。二、山中を曲折し上下する野趣に富んだ道であること。三、その結果、歩みにしたがってパースペクティヴが次々と変化し、途上は全景がわからない――ときおり水面が垣間見られる――が、到達点からは、振り返るかたちで、歩いてきた行程の全体が見渡せること。これらの一致は決して単なる偶然では済むまい。「山頂に着けば、あなたにとって、かつて貴重であったもの、やむをえず片道に踏み込んだため現在では見失われたもの、あるいは正しい光のなかで捉えられなくなったものの多くが、ふたたび明瞭になり貴重なものとなるでしょう」（マルヴィーダ・フォン・マイゼンブーク宛て、一八七九年三月二八日）という比喩が、ニーチェ的散策路では字義どおりの描写となるのだ。

ただし、禿山の頂上へ登るエズの道は他のふたつより険しく、また直射日光にさらされている。『フレデリック・ニーチェのニースの季節』の著者は、『この人を見よ』の記述から、石灰岩の岩壁が「破壊された古い石板」と「なかば記載された新しい石板」のモデルではないかと推理している。(2)

---

(2) Yves Séméria, *Les saisons niçoises de Frédéric Nietzsche Les paysages de l'esprit 1883-1888*, Z'éditions, 2001, pp. 16-19.

エズのニーチェの小道

なるほど、「ニーチェの小道」沿いの灰白の岩肌に侵食・風化によって刻まれた筋や瘢痕は、古代の文字に見えなくもない。だが『ツァラトゥストラ』第三部全体を読みなおすと、この山登りの体験は、「新旧の諸石板」以外の章にまで浸透しているように思われてならない。「迷宮的な峡谷」という表現や、「石ころのあいだを、しゃにむに上方へ通じている一本の小道、悪意に満ちた物さびしい小道であって、もはや雑草も灌木もよりつかない、こういう山道が、一徹に歩を運ぶ私の足で、ぎしぎしと音をたてた」（第三部「幻影と謎について」）という描写は、「ニーチェの小道」の実際に見事に一致する。もっとも私はむしろ、歩行における筋肉感覚や触覚、振動やリズムに注意を向けたい。『この人を見よ』の先の引用につづく文章を読んでみよう――

――私の場合、創造力がもっとも豊かになるときには、筋肉の軽快さもまたつねに最高になった。身体がさきに熱狂的感激に浸されてしまうのである。「魂」のことなど論外としておこう。……いくどか私の踊っている姿を見たというひともいるかもしれない。あの頃私はまるで疲労知らずで、七、八時間も山道を歩きつづけることができた。よく眠ったし、よく笑った。——私は完璧ともいえる頑健さと忍耐力とをそなえていた。(『この人を見よ』「ツァラトゥストラ」)

「第二の舞踏の歌」は、こうした筋肉の躍動から生まれ出たものではないだろうか? 女の姿の「生」がツァラトゥストラの足元に「笑っているような、問いかけているような、蕩かすような、揺れ動く一瞥」を投じ、カスタネットを二度打ち鳴らすや(カルメンの身振り、そしてまた足元の石の軋みでもあろうか)、「爪先に耳をもつ」というツァラトゥストラの足は浮き立つ。眼差しに誘われツァラトゥストラが彼女に跳びかかると、彼女は髪を蛇のように波打たせて跳びのくが、また新たに眼差しで誘う(「ハバネラ」の歌詞を想わせる)。ツァラトゥストラいわく——「諸々の曲がった眼差しによって——そなたは私に諸々の曲がった道を教える。諸々の曲がった道を歩んで、私の足は学ぶのだ——諸々の術策を! ……ここにはかずかずの洞窟や藪がある。私は道に迷ってしまう!」。ツァラトゥストラの制止命令を嘲弄して「今度は上へ! と思うと彼方へ!」と跳梁する「生」に怒り、ツァラトゥストラは鞭を鳴らして彼女を追いかける。その二人の動きが、そのまままひとつの舞踏と化している。

ツァラトゥストラのダンスは、軽さや歓喜の隠喩というには、あまりに具体的で現代的である。彼が踊るのは、あらかじめしつらえられた舞台の上ではなく、自然のなかでだ。そして自然といっても、内面の反映となって傷心の詩人を包み慰めてくれる母なる自然ではなく、挑発的で移り気で人をたばかる女としての自然なのだ。道の屈曲と傾斜は、ニーチェの思考の基部をなしている。平

ニーチェのテラスから見下ろしたニースの市街

地の直線的な鋪装道路と異なり、山野や海岸の曲がった小道では、眼にも足にも多様な緊張が絶えまなく要求され、一歩一歩が、大地の投げかける問いないし挑発にたいする応答となる。山歩きや磯歩きの達人となるということは、足によるリズムの習得、それも行進のような単調なリズムではなく、多様で即興的で緩急自在なリズムの習得を意味する。ピアノの即興演奏の名手であったニーチェはすでにバーゼル時代後期に、「滑ったり、つまずいたり、よじ登ったりする際の足の動き」を「ピアノの運指法」になぞらえていたが(遺稿・一八七六年末—七七年夏)、まさにツァラトゥストラは自然=生の表面性・可変性・偶然性に突き動かされ、即興演奏をするように踊っている。これはもはやオペラというよりもミュージカルであり、ミュージカルというよりもBUTOである。

『この人を見よ』が歩行時における爪先の震えと霊感との内的関係を説いて、霊感を「遠く張り渡されたリズムを感得する」能力と再定義していたことを思い出そう。『ツァラトゥストラ』第三部は、霊感によって得た観念を表現している以上に、霊感体験のスタイル自体をスタイリッシュに表現しているのではないか？

ニーチェは、ジェノヴァに換わる避寒地としてニースを見いだした。同じリヴィエラ海岸の都市であるニースは、ジェノヴァと類似した風土性をもつが、ニーチェによれば、つぎの点においてジェノヴァに勝っている。一、食事がより上等である。二、より大都会であり、思いのものが手に入る。三、「ジェノヴァではほぼ一年間を要する晴天日数を、ニースは冬の六ヶ月間でもつ」（以上、母と妹宛て、一八八五年一一月一一日）。緯度ではニースのほうがジェノヴァより若干北にあるが、北側をアルプスに護られているお蔭で、より温暖で、より〈乾燥した水辺〉なのだ——「ニースは前の年の冬と同じで、驚くほど迅速に好影響を身体へ及ぼした。——いまは僕は、自分がニースやオーバー・エンガディンに引きつけられるのは、その空気の乾燥のためだと理解している。つまりリヴィエラ海岸とスイスのもっとも乾燥した地帯、すなわちニースとエンガディンが僕の頭脳にはいちばんいいのだ。今挙げた地方に晴れて澄んだ日が多いということは、間接的には、さきに言った空気の乾燥度の高さと関連している」（オーヴァーベク宛て、一八八四年一二月二二日）。

ところで、大都会ならではの貴重な商品とは、ニーチェの場合、なによりも書籍だろう。しかしやっかいなことに都会性はそのままマイナス面にも反転する……。ニーチェは書簡でしばしば、ニースの騒々しさ・華美さを嘆いている——「ニースの町はたまらなくいやなところだ。僕は防御的に身構えて、まるで町なんか存在しないように見ている。大事なのはニースの空気と天候なのだ」(前掲書簡)。「ニースは長くいるとだめです。大都市、馬車の耐えがたい騒音等々」(母と妹宛て、一八八五年一月上旬)[3]。

ニーチェがニースでもっとも長く住んだのは、パンション・ド・ジュネーヴという下宿である(一八八三年一二月末―一八八四年四月、第二回滞在および第三回滞在全体、一八八七年)。建物があった通り(Petite rue Saint-Étienne)は現存しないが、現在の rue Rossini と rue Gounod および rue Alphonse-Kaar にかけて伸びていた。ニース駅に近く、有名ホテルやヴィラが立ち並ぶ海辺に比べて、安価な宿が散在する新興地区だったと思われる。一八九七年冬に結核療養のためにニースへやってきたアントン・チェーホフが逗留した、パンション・リュスもこの地区にあった。しかし再開発により、残念ながらパンション・ド・ジュネーヴの正確な位置や当時の眺めはわからない。ニーチェはここで、ヴェネツィアの雑誌編集者・文筆家パウル・ランツキー、プロイセンの老将軍とその娘、アメリカ人牧師の老夫人、ケヒリン夫妻などと同宿し、食卓をともにしている。ザロメの知人であるチューリヒの女子学生フォン・シルンホーファーの訪問を受け、彼女と闘牛見物にもでかけている。

これ以外の三ケ所の居住場所には、一、シャトーの丘および旧市街の周辺にある、二、フランス統合以前(一八世紀から一九世紀前半)にサルディニア王によって整備された街区である、三、見通しのよい直線道路に面している、四、海に近い、等の共通性が認められる。

「快癒のためには、僕には新しい初めての感銘が必要なのだ」(一八八三年一一月一一日)とオー

カトリーヌ・セギュラーヌ通り三十八番地

ヴァーベクに手紙をだして、ニースを初訪した最初の数週間、ニーチェはカトリーヌ・セギュラーヌ通りの南端の建物(38, rue Catherine Ségurane)の二階を借りた（門の脇にニーチェの肖像が浮き彫りされたプレートがある）。建物の裏手はニース港であり、向いは、見晴しのよい市民公園「シャトー」の丘が立ちふさがる。家の前の道は平坦だが、このロケーションはジェノヴァのサリタ・デレ・バチスチーネの下宿と非常によく似ている。島のようにやや海に突き出たシャトーの丘の頂上のテラス——「フリードリヒ・ニーチェのテラス」と名づけられている——からは、ニースの都市全体と天使湾のパノラマを満喫できる。ヴィ

（3）　一八八五年二月一二日ガスト宛て書簡も参照。

サン・フランソワ・ド・ポール二十六番地から撮影されたパイヨン川

レッタ・ディネグロと同じように、人工の滝やグロッタもある。丘の北側には、ニーチェ好みの瀟洒な墓地もある。ニーチェによる言及があるわけではないが、当時から眺望で知られていたシャトーの丘を彼がしばしば散策したことはまちがいない。一七世紀まで城が建っていた丘は、もともとはこの地に入植した古代ギリシア人のアクロポリスであった。ニーチェは八五年冬のニース滞在中に、ニースの語源が勝利の女神ニカエアであることを知って喜んでいる(4)。

なお、カトリーヌ・セギュラーヌ通りを北に行くとガリヴァルディ広場に出る。ニーチェ滞在当時はここに中央郵便局があり、手紙魔なうえに局留めで手紙を受け取ることの多かったニーチェにはおなじみの場所だったはずだ。広場からは東へトリノへの街道が伸びており、トリノと密接な政治的つながりがあった時代、この広場はニースの陸の玄関口としての意義をもっていた。実際、一八世紀末に建築された正方形の広場——柱廊をもつクリーム色の建物に囲まれている——は極めてトリノ風である。ニーチェがニースを捨ててトリノへ赴くにいたることを思うと、なにやら予兆めいている。

第四回滞在の途中の一八八六年一一月二六日、ニーチェはサン＝フランソワ・ド・ポール通りのいちばん海側の建物（26, rue Saint-François de Paule）の三階へ引越した。この通りは、花市場で有名なクール・サレイヤへ出る立派な直線道路で、東前方にシャトーの丘が見える。ニーチェが滞在した建物の向って左隣のホテルには、チェーホフおよびマチスの滞在を語るプレートがある。さらに数十メートル先の右手にはニース市立のオペラ座がある。一八八一年に焼失したのち八五年に再建された。同年二月一二日の書簡に「新しく建てられたイタリア劇場」とあるのはこれにほかならない。ここでニーチェは一八八七年暮れに『カルメン』や、コジマの元夫ハンス・フォン・ビューローの『真珠採りたち』を聴いた。また当時は、市立図書館もサン＝フランソワ・ド・ポールにあり、クール・サレイヤにはニーチェが贔屓にしていたヴィスコンティ書店があった。

サン＝フランソワ・ド・ポールの建物の西側は、パイヨン川の河口である。今日では川のほとんどが暗渠となり、川の上に公園やアヴニューや美術館などが造られている。ニーチェがニースを訪れた頃は暗渠化が徐々に進行していた時代だが、この河口部分はまだ覆われていなかった。奇跡的にも、その時代に地元の写真家がニーチェの逗留した建物から河口を撮影した写真が存在する。そ

（4） ガスト宛て、一八八五年一一月二四日、および同年一二月六日。

ここには今日も公園の片隅に残っている野外音楽堂が対岸に写っている。ニーチェはこの公園で演奏を聴いたり、川沿いの並木道を散歩したりしたことだろう。

そして一八八七年二月二三日に、ニーチェはリヴィエラ地震を体験した――「いまだにニースでは国際色豊かなカーニヴァルが長いこと続いていました（スペインの女性が優勢でした、とついでに述べておきましょう）、それが終ってすぐ、最後の花火が上がった六時間後には、はやくもまた生活を興奮させる新たな、めったにない効果的な刺戟があったのです。つまり私どもは破滅するのではという重大な予想をたてて生活しているのです。それも善意の地震のお蔭なのです。犬という犬を四方八方に吠えたたせるだけの地震ではありませんでした。頭上で古臭い家がコーヒー挽きのようにがらがら音をたて、インク壺が勝手に跳びはね、通りが半裸の恐怖の姿や錯乱した神経組織でいっぱいになったら、なんと愉快なことでしょう！　昨夜、二時から三時頃、私は陽気になって、どこがいちばん恐怖に襲われているかを見るために、都市の地区をあちこち巡視してみたのでした」（ザイドリッツ宛て、一八八七年二月二四日、新聞同封）。ニーチェは通りで、軍隊のようにテントを張って野営する人々や、「すっぽりフラネルにくるまり、ちょっとした震動にも沈んで終末を考える」人々を見た。大地のダンスがもたらした第二のカーニヴァル。この地震体験は、「数千年にわたる嘘を相手に闘うのだから、あまたの震動、夢想だにしなかった地震の痙攣、山野の移動などが起こるのも当然」（『この人を見よ』「なぜ私は一個の運命なのか」）といった表現に影響を及ぼしていよう。

クール・サレイヤと海岸通りケー・デ・ゼタ＝ズュニに挟まれた明るいポンシェット通り rue

des Ponchettes(5)の二十九番地にニーチェが引越したのは、最後のニース滞在の途中、一八八八年一月である。これは旧市街を囲んでいた城壁を崩して造られたゾーンにほかならない。二十九番地は現存しないが、通りの西端だったと思われる。ここからもシャトーの丘がよく見える。

(5) 本書表紙カヴァーの上から五番目の写真参照。

トリノ

一八八八年四月五日—六月初旬
一八八八年九月二一日—一八八九年一月九日

五度目のニースを後にしたニーチェは、ガストの勧めにしたがいトリノを訪れ、カルロ・アルベルト通り六番地の四階（Via Carlo Alberto 6 III）で二ケ月を過ごした。ニーチェの喜びようはこのうえなく、シルス＝マリアでの恒例の避暑後、彼はトリノの同じ下宿に戻った。毎年春と秋をトリノで過ごそうという計画だったが、結局、満足のあまり冬になってもリヴィエラ海岸へ移住せず、発狂するまでトリノに留まった。この約九ヶ月間こそ、彼がもっとも「テンポ・フォルティッシモ」で著作（『ヴァーグナーの場合』『偶像の黄昏』『反キリスト者』『ニーチェ対ヴァーグナー』『この人を見よ』「ディオニュソス頌歌」）を書いた期間にあたるが、トリノのなにがそれほど彼の気にいったのか？

まず自然条件。到着当初、氷雨に祟られたものの、すぐにニースに匹敵する乾燥した空気と清澄な光に恵まれ、ときには「もっともすばらしいエンガディンの空気の味がする日」がある（ガスト宛て、一八八八年四月二〇日）。しかも、ニースよりも樹々が茂り、落ち着いている。「風景にしたって、トリノは、このまぬけた、石灰質で樹もろくに生えていないリヴィエラの地区より、なんともはるかに僕の本性にあっているのだ。それで僕がこうも遅くあそこ［ニース］から引きあげたことに、いくら憤慨してみても憤慨したりないくらいだ。あそこの金銭で動くといった類いの軽蔑すべき人間のことはなにもいうまい、――あそこにいる外国人だってその例に洩れずだ。ここでは毎日が法外に豊かな陽光と完璧さのうちに現れてくるのだ。燃えるような黄色につつまれた素敵な樹木の容姿、空と大河は淡い青色、清澄きわまりない大気――かつて見ようとは夢想だにもしなかったクロード・ロランの絵だ」（ガスト宛て、同年一〇月三〇日）。しかも、エンガディンほどではないが、「山が近いので、ある種のエネルギーが、荒天さえもが保証されている」（カール・フクス宛て、同年四月一四日）(1)。

幸いなことに飲料水も彼の胃に非常に適ったものだった（ガスト宛て、同年四月二〇日）。眼の保養の水はどうか？　海や湖こそないが、ポー河が流れており、彼の趣味にかなうプロムナードを提供してくれた――「夕方、ポー河の橋のうえに立ったが、すばらしかった。善悪の彼岸だ!!」（ガスト宛て、同年四月七日）(2)。「ポー河にぴったり沿ってほぼ一時間ほど僕を導いてくれるすてきな並木道」（オーヴァーベク宛て、同年一〇月一八日）。

そして都市の相貌。アルプスの麓に位置し、三方を山々に囲まれながらトリノは、エンガディン

（1）　ガスト宛て一八八八年四月二〇日付け書簡も参照されたい。
（2）　おそらくポー通りの先にあるヴィットーリオ・エマヌエーレ一世橋だろう。

ヴィットーリオ・エマヌエーレ一世橋から見たポー河の夕景

では享受できない都市生活、それでいてニースのように軽佻浮薄でない都市生活を提供してくれた。トリノは「いま僕の必要とする都会だ」(ガスト宛て、同年四月七日)。「僕が恐れていたような大都会でもなければ、現代風でもない。一七世紀の君主の居住地で、宮廷と貴族社会という支配的なある趣味がいたるところに見られるのだ。すべての点に貴族的な平安が確保されている。みすぼらしい郊外もなく、趣味の統一は色彩にまで及んでいる(都市全体は黄色か赤褐色だ)。歩いてみても、眺めてみても古典的な場所だ! [……]――すべては僕の期待以上に、はるかに品位のあるものだ!」(同書簡)。

一七世紀から一八世紀の絶対王政期にサヴォイア公国の王都として整備されたトリノは、ヴェネツィア、ジェノヴァ旧市街、ニース旧市街などとは対照的に直線道路が整然と碁盤目状に貫通しており、都市軸が明瞭である。幾何学的統一性をもった計画都市。これは旅行時代のニーチェの逗留地としては初めてのケースだろう。主要な建築はバロック様式だが、ヴォリューム感に満ちたローマやパレルモなどのそれと異なり、外観の曲線や装飾に抑制が効いているのが特色である（トリノの建築家グアリーノ・グアリーニの貢献が大きい）。ニーチェが触れている「黄色」とは、ニースやジェノヴァで目につく濃い黄色ではなく、塗装の上品なクリーム色であり、「赤褐色」とは、塗装の色ではなく、レンガ壁自体の色であるはずだ。

ニーチェらしいのは、彼が道路の広さと直線性を、遠景をなすアルプスや山風とのつながりにおいて評価している点である——「都市の真ん中からアルプスの山が見えるとは！　街路はまっすぐにアルプスの山のなかへと走っているように見えます」（カール・フクス宛て、同年四月一四日）。

ポー通り　トリノ大学文学部前の柱廊

道路の両側や広場の周囲に柱廊《ポルティコ》が非常に発達していることも、歩く哲学者をたいへん喜ばせた特徴である——「広くて高い柱廊は自慢のひとつで、その延長は一万二十メートル、行進すれば、ゆうに二時間はかかる」（ガスト宛て、同年四月二〇日）。このことにより、雨や天候の悪化も直射日光も気にせず、いつでも散歩することができる。そして疲れれば、どこでも「一流のカフェ」に入り、

「最高級のアイスクリーム」、トリノ風チョコレート、「第一級の小さなポットなのに二十サンチームのコーヒー」などを賞味することができる（ガスト宛て、同書簡、および一八八八年一〇月三〇日付け書簡）。この高度なカフェ文化は、二〇世紀に入りトリノの文学運動や政治運動の温床となるが、サヴォイアにおけるフランス文化の影響のひとつでもあろう。

ところで、すでに一八八二年一月のジェノヴァにおいてニーチェは、「われわれの大都市に欠けている」「認識者の建築」、思索に耽りながら安らかに歩ける公共空間として、「天気が悪いとか日射しがきつすぎる際に利用できる天井が高くて長い歩廊のある場所」を挙げていた（『悦ばしき知識』二八〇）。つまり、トリノの柱廊は、彼が長年探し求めてきた哲学的理想都市の発見を意味するわけだ。ちなみに柱廊への憧れには、彼の古代史の教養が関与しているかもしれない。古代ギリシアのアゴラも古代ローマのフォルム（フォーラム）も、一般に柱廊をそなえた建物に囲まれた広場だったからである。レオン・バチスタ・アルベルティの『建築論』（一四五二年）に主導され、ルネサンス以降、イタリア諸都市に古代風の柱廊空間が再生していった。小ぶりとはいえニースのガリヴァルディ広場やマセナ広場も、トリノ風の柱廊の広場である。また、ニーチェの愛したサン・マルコ広場は、ビザンチンを経由することで古代的柱廊空間が中世の時点で再導入された、例外的かつ先駆的な広場である(3)。

こうした古典性・貴族性を堅持しながら、産業革命に成功し、様々な近代の利便や文化施設を完備しているというトリノの希有な特質が、ニーチェをさらに魅了した——「なんという鋪装、乗合い馬車や市街電車はいうに及ばず、その設備は進歩していて不思議なほどだ！」（ガスト宛て、同年四月七日)。ニース以上に大きく便利な都市でありながら、トリノはニースより落ち着いており、しかもニーチェの経験したイタリアのどの都市よりも物価が安かった。つまり、「極めて美しい広い通りのなかで隠者の平穏を見いだそうという問題——この大都会ではちょっと解決されそうにない問題がここでは解決されている」(ガスト宛て、同年一〇月一四日)のである。

都市生活と哲学的保養生活との奇跡的和解には、彼がトリノを訪問した時期の問題が大きく関わっていると考えられる。一八六一年、サヴォイア家のヴィットーリオ・エマヌエーレ二世によってイタリア統一が達成された結果、トリノはイタリア王国の首都へ登りつめたが、早くも一八六五年にはフィレンツェへの遷都が行れた。ニーチェが体験したトリノは、いわば明治維新後の京都のように、国王の去ったばかりの元首都だったのだ。

ニーチェが自慢している下宿のロケーションにも注目すべきだろう。「ここはあの一六八〇年にできた壮麗なカリニャーノ宮殿の正面に位置し、すぐ近くに大柱廊、要塞の城、郵便局、カリニャーノ劇場などがあるのだ! このカリニャーノ劇場では、僕がここに来て以来『カルメン』をやっている、当然のことさ! ……たいへんな成功だ、カルメン化された全トリノ(ガスト宛て、同年四月二〇日)! 一九四四年にニーチェの肖像の大きなレリーフが取り付けられた建物は、正確にはカリニャーノ宮殿の正面ではなく向って右隣にあるが、グアリーニ設計の宮殿から道を挟んでわずか十メートルほどしか離れていない。ニーチェの部屋は角部屋で、カルロ・アルベルト広場に面

(3) 陣内秀信『ヴェネツィア』鹿島出版会、一九八六年、一七六—一七八頁。

手前がカリニャーノ宮殿，奥の建物の四階の角部屋がニーチェの下宿，騎馬像はカルロ・アルベルト。

しており、他の部屋よりも陽当たりと眺めが良く、窓からは目の前に宮殿と広場が、遠景にポー河対岸の小高い丘陵が見える。おまけに部屋にはピアノが備わっていた。彼はジェノヴァ、ニース、シルス＝マリアなどの下宿では暖房の欠如に悩まされていたが、ここにはドレスデン製の最新式ストーブを設置した。下宿の向い、広場の反対側には、当時はトリノ中央郵便局が建っていた（下宿の主人ダヴィデ・フィーノは、この郵便局前で新聞・雑誌やポストカードを売っていた人物）。カリニャーノ劇場は、宮殿の背後に現存する。書簡が言及している「要塞の城」のなかにもニーチェが通った小劇場がある。ほかにも市内には演奏場所や音楽学校などが複数あり、多くの音楽家が住んでおり、「音楽を理解する点では、僕の知っているうちでいちばん堅実な都市である」とニーチェは評価している。

別の書簡によれば、近所に図書館や、ドイツ語・フランス語・イタリア語の三ケ国語の本を売っている書店があり、ライプツィヒよりもアカデミックな本を容易に手に入れることができた。現在、宮殿の向いにある国立図書館は一九七三年にできたものにすぎないので、ニーチェが利用した図書館は、大柱廊の美しい大通りであるポー通りに面したトリノ大学文学部図書館（一七二三年創設）だろう。ここの哲学教授パスカル・デルコールとニーチェは交際している。ポー通りには、一九世紀創業のアカデミックな書店やカフェも現存する。

ところで、私が下宿のあった建物を訪ねてみていちばん驚いたのは、その中庭が鉄骨とガラスの蒲鉾型の屋根に覆われ、巨大で華麗なパサージュとなっていたことにほかならない。ピエトロ・カレラの設計により一八七三年に開設されたガレリア・スバルピナ。このパサージュがポー通りの柱廊に通じていることは、貴族趣味と産業革命が調和しているトリノの在り方を見事に象徴しているといえよう。ニーチェはこう称賛している――「ガレリア・スバルピナ（僕の部屋を出るとすぐ下に見えるのだが）は、僕の知っているうちではもっとも粋な場所だ。そこでは、このところ毎晩『セヴィリアの理髪師』が演奏されているが、なかなか上手なものだ。人々は飲み食いしたものに、いくぶん上乗せした料金を払っていく」（ガスト宛て、同年一二月一六日）。また、同じ書簡で、彼はガレリア・スバルピナのなかの広間は三つ並んでいるレストラン(4)の天井の高い豪華な部屋で、夕食に「王子《プリンツ》」の食べるようなピエモンテ料理（グリシーニ、野菜スープ、仔牛の骨付き肉、パスタ等）を安く（四十サンチーム）食べている、とも語っている。四階のニーチェの部屋へ行くには、

（4）おそらく名高いカフェ・バラティーノのことだろう。

ニーチェのアパルトマンのあるパサージュ　トリノ

スバルピナの内部から大理石の階段を登る次第になる。つまりニーチェは、これまでほとんど注目されてこなかった点であるが、知的生活の最後にパサージュの内部に住み、パサージュ文化を存分に享受していたのだ。

トリノとは、自然においても、文化や都市の在り方においても、相矛盾しがちな諸傾向を和解させており、ニースとエンガディンを古典性・貴族性のうちに止揚している場所である。とすれば、旅人たることを誇ってきたニーチェが、ニースへの避冬計画を翻し、ここに定住する意志を表明したことも納得できようか？
──「定住したい場所をもちたいなら、田舎なんかへは行かず、喜々として都会のなかへ行くことだ、などと僕は最近ひとりごとを言ったりした！　──以前だったらこんなことを言うなんて到底不可能だったろう」（ガスト宛て、同年一二月一六日）。これは、一八七九年以来十年近くに及んだライフスタイルの探究の成就なのか？
　しかし正直なところ、私自身現地で確認したトリノの美質を考慮しても、ニーチェの快活ぶりにはやはり「多幸症」と呼ばれてしかるべき過剰なものが残るように感じられてならない。これまで逗留地にどんなに感動してもなにかしら辛口の批評を挟んでいた気難しい人物が、とくに二度目の滞在のあいだまったく手放しにトリノを称えつづけるのだ。しかも称賛は、次のように一般住民の自分にたいする態度にまで及ぶ――「ここトリノの奇妙なところといえば、僕自身はなんの要求もない人間で、事実なにひとつ欲しがってもいないのに、僕は人を完全に魅了してしまうのだね。たとえば、僕が大きな店へ行く、するとみんなの顔色が変わってしまうのだ。通りの女たちは僕をじっと見つめるし、年をとった行商の女は、僕のためにいちばんすてきなブドウを取っておいてくれ、い、い、い、い、い、い、値引きしてくれるのだ。［……］僕は「ジュルナル・デ・デバ」を読んでいる。一流のカフェに入ると、本能的に僕に持ってきてくれる次第なのだ。――／もう偶然なんていうものはありはしない。誰かのことを考えたりすると、その当人の手紙がうやうやしく戸口から入ってくるという次第――」（オーヴァーベク宛て、同年クリスマス）。「奇妙」なのは、トリノでなくニーチェのほうだろう。

次頁（5）　不思議なことに、ニーチェは初夏のトリノからのラインハルト・フォン・ザイドリツへ宛てた書簡（一八八八年五月一三日）において、ディドロとの対話劇の構想として、冬景色のなかで「冬よりも苛酷な残忍きわまる無恥の表情をして自分の馬に放尿する老馭者」の姿を語っていた。

一八八九年一月三日夕方、下宿を出てすぐ、ニーチェはカルロ・アルベルト広場で辻馬車の馭者が駄馬を鞭打っているのを目にし、泣きながら駆けよって馬の首に抱きついた(5)。騒ぎに気づいたダヴィデ・フィーノが、彼を下宿に連れて帰り、医者を呼んだ。昏睡ののち、彼は興奮状態を迎え、自室で裸で踊ったり、大声を出しながらピアノを弾き、友人・知人(マンデス、メータ・フォン・ザーリス、ビューロー、ローデ、ガスト、マイゼンブーク、ブランデス、ブルクハルト、ドイセン、コジマ・ヴァーグナー、カール・シュピッテラー、カルディナル・マリアーニ)に「ディオニュソス」とか「十字架にかけられし者」などと署名された短い手紙を書いた。手紙を受け取ったブルクハルトから相談を受けたオーヴァーベクは、精神科医に相談したうえで一月七日にバーゼルを発ち、翌日トリノで憔悴した狂人の抱擁を受けた。

ニーチェは、一月三日から六日付けの手紙群のなかで、みずからをディオニュソス、キリスト、仏陀、アレクサンダー大王、シーザー、シェークスピア、ベーコン、ヴォルテール、ナポレオン、ロビラント伯爵、カルロ・アルベルト、ヴィットーリオ・エマヌエーレ、アントネリ、レセップス、プラドー、父プラドーである(であった)と称している。そこには、狂気と同時に、痴呆状態へ陥る直前の彼固有の〈思想〉が極限的なかたちで表現されていよう。

第一に、この自己同一性の崩壊は、彼が長年巧妙に組織してきた分身劇、多元的パースペクティヴィズムないし永遠回帰の思想の爆発的表現たりえている。一人物への固着的な自己同一化ではなく、ディオニュソスを基体としたうえで、歴史上の複数の人物のあいだの循環か転生のような運動が語られている点に注目すべきである。

ガレリア・スバルピナ（左が入り口，右がニーチェの下宿へ昇る階段）

第二に、下宿を中心としたトリノの空間把握と結びついている。ブルクハルト宛ての二通目（一月六日付け）のなかで、「ところで私の借りました小さな学生部屋はカリニャーノ宮殿と向いあっており（この宮殿で私はヴィットーリオ・エマヌエーレとして生まれました）、また私の文机からは、眼下のガレリア・スバルピナでやっているすばらしい音楽も聴くことができます」とある。彼は正気であったときすでに、トリノに暮らしていたら自分はエネルギーに満ちた山の空気によって「イタリアの王様」になれただろう、と書いていた。下宿が宮殿の隣に位置するだけではない。ガレリア・スバルピナのカリニャーノ宮殿側の出入り口（ニーチェの下宿へ昇る階段の脇）から外を見ていただきたい。まるで宮殿のファサードの柱廊とつながっているかに見える。ガレリア・スバルピナは宮殿の柱廊と同軸上に設計されているのだ。

そもそもパサージュは、ヴァルター・ベンヤミンが指摘しているように、屋内と街路とのあいだの中間的空間であり、街路の室内化であるところに特質がある。そしてこの種の中間性は、より低い度合いでなら、柱廊にも見いだせる。トリノでニーチェは、いわばパサージュや柱廊において、他人と身内になってしまったのではないだろうか？　パサージュを通って、空の王宮に入り込み、歴史上の諸人物のうちにまで入り込んでしまったのではないだろうか？

同じ書簡には、「この秋、私はできるだけ粗末ななりをして、二度ほど私の葬儀に参列しました。初めはロビラント伯爵として（――いや、いちばん深い性質からみて、私がカルロ・アルベルトであるかぎり、あれは私の息子です）」ともある。ロビラント伯爵は先王カルロ・アルベルトの実子と噂されたピエモンテの大貴族で、一八八八年一〇月に亡くなり、盛大な葬儀が催されていた。すでに述べたように、彼の下宿の住所はカルロ・アルベルト通りであり、部屋の窓からはカルロ・アルベルトの騎馬像が立つカルロ・アルベルト広場が望め、彼が馬の首に抱きついたのは、その広場においてであった。そしてやはり同じ書簡で、彼は「郵便局はすぐ近くにあり、上流社会の定期寄稿者するために［原文フランス語］、私は自分で手紙を投函しにでかけます」(6)と書き、さらにブルクハルトにアントネリがトリノに設計したモーレ・アントネリアーナを見ることを勧めている。郵便局の近所に住んだからこそ、彼は狂気の状態で矢継ぎ早に手紙を出すことができたのである。

ニーチェの発狂は、トリノに住んだかどうかに関係なく、遅かれ早かれ生じたはずだが、トリノに住まなければ、それもトリノのこの界隈に住まなければ、相当異なった症状や行動として発現したに違いない。

（6） トリノのユダヤ人協会の依頼を受け、巨大なシナゴーグとして建築家アレッサンドロ・アントネリによって一八六三年に着工されたが、未完のまま一八七七年にトリノ市へ委譲された。一八八八年一〇月一八日に死去したアントネリの葬儀に、ニーチェは参列した。塔は一九〇〇年にようやく完成（高さ一六七メートル）。二〇〇〇年からイタリア国立映画博物館に使用されている。

第五章　新しい健康へ

大いなる健康

フリードリヒ・ニーチェの発狂後、早くも彼の生前から、彼の思想ないし著作を彼の狂気と関連づける説が公けにされていた。病歴研究自体は、可能なかぎり厳密に押し進められればよい。けれども、「超人」や「永遠回帰」を症例と見なすにせよ、発狂を不自然な思索や生活の帰結と見なすにせよ、還元主義的な病跡学は「ニーチェ」という問題にたいして予防線を張ってしまう保身的な振舞いとならざるをえないだろう。ニーチェ自身が思想を情動や身体にさしもどす解釈を行ったのは確かだが、その際の情動や身体とは創造的な力であり、ニーチェによる解釈は、生を去勢しようとするルサンチマンにたいする闘いを意味する。還元主義的病跡学の背後にはたらいている情動は、その反対に、能動的で創造的な生を卑小化しようと欲する小人のルサンチマンに相当しよう。

エリーザベト・ニーチェは『ニーチェの生涯』（一九二二年）を書くことでこうした還元主義にたいして決闘を挑み、トリノでの発狂以前の兄には精神錯乱の徴候など寸毫も認められないとし、彼の持病の病因としては近視の眼の過労と睡眠薬や鎮静剤の常用を挙げている。しかし、ニーチェの価値を主張するあまり、その誠実さ・思いやり・気高さ・快活さなどの人間性の顕揚に傾き、彼自身による病気と健康をめぐる思索が軽視されていると言わざるをえない。

ニーチェの病める身体を注視すると同時に、それ以上に重視しようとするのが、ニーチェ自身による身体にかんする思考、ニーチェ自身の身体との駆引きを、私たちの立場である。発狂が、彼の健康を回復しようとする思索や生活実験のすべての無効性を証明したのだとする立場もあろうが……。

第一章・第二章で見たように、ニーチェはすでに一八七〇年代末には、旅行と生活様式の転換を、医学＝哲学的治療として、つまりみずからの身体の病気と文化の病気にたいする治療として考えていた。言い換えると、病気が、彼に自己や自然を考えなおし、生を蝕む無反省的な習慣（「ドイツ」「キリスト教」「プラトニズム」「ロマン主義」）から離脱して、新たなライフスタイル＝自己支配を創造する自由を与えた。第三章と第四章で、私たちはそうしたライフスタイルの研究を試みた。

ところで、ニーチェの身体と思考の関係をめぐる思考、あるいは自己統御の企ては、一八八六年に新たな段階を迎えるように思われる。病気と健康とのあいだに、いっそう力動的な関係、「大いなる健康」が見いだされるようになるのだ。

これまでの価値と願望の全域をくまなく体験し、この理想の「地中海」の岸辺という岸辺を残らず航行しようと渇望する魂の持ち主、また征服者や理想の発見者が、同様に芸術家や聖者や立法者や賢者や学者や篤信家や予言者や古い型の教会離脱者が、どんな気持ちであるのかを自己独自の経験上の冒険によって知ろうと欲する者、こうした者はそのためになにをおいてもまずひとつのものを、すなわち大いなる健康を必要とする――こういう健康は、ただたんにこれを所有するだけでなく、なおも不断に獲得していくもの、獲得せねばならないものである、なぜならそれは繰り返し犠牲に供されるし犠牲にされねばならないものだから！……こうして、われわれ理想のアルゴ号隊員は、賢いというよりもむしろ勇敢に、また実にしばしば難破し災難に見舞われながら、それでも前述したごとく信じがたいほど健康で、危険なまでに健康で、繰り返し繰り返し健康で、永い航海をつづけた後に、――いまや、我々には、その報酬として、いまだ誰もその境界を見極めたことのなかった未発見の大地が眼前にひらけたように見えてくるのだ。（『悦ばしき知識』三八二）

アルゴ（Argo）号とは、ギリシア神話の英雄イアソンが金羊毛を求める危険な大航海のさいに乗った船の名で、「快帆走者」の語義をもつ。地中海とは、諸理想の入り江や島々を蔵した世界、一九世紀のヨーロッパであるとともに、そこで養われたニーチェ自身でもある。つまりここでは、転地療法と内的冒険旅行が一体となったニーチェ的ノマディスムに必要とされる健康、既成の諸パースペクティヴの再検討に必要とされる健康として「大いなる健康」が呈示されている。

この健康の獲得は、従来の「健康」および「病気」という概念そのものの再創造を意味する。「大いなる健康」は、小さな健康のように、「病気」でない状態の持続によって定義されるのでもなければ、自己の身体についての医学的知によって定義されるのでもない。荒海のような生との直接的で不断な駆引き、しかもそれ自体生と同様に変転きわまりない危険な駆引きによって定義されるのだ。固定化した習慣・規範は、それが健康法であろうと、生と戯れる狡知を錆びつかせてしまうがゆえに、小さな健康にとどまる。逆にいえば、積極的に対処するなら、発病と回復の波はむしろドラマチックな健康を享受するための刺戟として役立つ、ということになる。「未知の大地」と呼ばれているのは、断章の続きの部分によれば、享受するのに個人的資格が問われる「奇怪な、誘惑的な、危険に満ちた理想」であり、「戯れる精神の理想」であり、従来の理想の「思いがけないパロディ」のような外観を呈する。そこから真面目な普遍的理想を見返すなら、普遍的理想のほうが「休養か失明か一時の自己忘失」という不健康に支えられ、生のデカダンスを強化していることが見すかされる。

ニーチェの思索における病苦の積極的役割、健康と病気の逆説的な相関関係の重要性をもっとも早く認識していたのは、兄を病的に描きすぎているとエリーザベトが激しく難じているルー・ザロメである――「こうした力［ニーチェにおける治癒力］は、病気と闘争と生と認識にとってのひとつの刺戟剤へと、生と認識の目的にとってのひとつの拍車や透視へと変化させることができるのだ、――したがって、そうした力は害を受けずに闘争と病気とを包んでしまうのだ。そうした仕方でニーチェは、とりわけ最晩年には、つまり、とりわけ彼の病気が重くなったときにおのれの病苦の歴史をひとつの快癒の歴史だと解してもらいたがっていた」[1]。一八八六年までに、すでにニーチェは完治の希望を繰り返し裏切られている。「大いなる健康」とは、究極のひらきなおり、究極の痩せ我慢といえるだろう。

一八八六年はまた、ニーチェにとって、それまでの自らの軌跡全体を本格的に振り返った年にほかならなかった。彼の著作を書庫に眠らせてきた反ユダヤ主義の出版者E・W・シュマイツナーから自著の発売権を買い戻し、彼の処女作をかつて出版したライプツィヒのE・W・フリッチュと再契約をかわし、旧著もフリッチュのところから再販することが決まった。そのために、ニーチェは自著をまとめて読みなおし、一八八六年から八七年にかけて各書（『悲劇の誕生』『反時代的考察』『人間的、あまりに人間的』I『人間的、あまりに人間的』II『曙光』『悦ばしき知識』『ツァラトゥストラ』）に新たに回顧的・自省的な序文を付した。それらにおいて、ニーチェは思想の体系化をはかるのでも、「真理」の観点から自己批評を下すのでもなく、当時の自己の生と思考との相関関係、思想が生み出されたときの自己の生の様態と思想の機能を分析している。私たちは、そうした序文のほぼすべてのなかで「大いなる健康」の概念が様々な相において呈示されていることに注目したい。

たとえば、『人間的あまりに人間的』Iの序文で彼は、慣れ親しんできたものにたいする激越な嫌悪と懐疑自体が「同時に人間を破壊するかもしれない病気」であったと回想したうえで、この長い試練の時期を経たからこそ、「病気そのものさえ認識の手段や釣針として無くてはすましたがらぬほどの」「大いなる健康」に到達したと語り、さらにこの健康が、「パースペクティヴ」による価値評価の習得、「権力と権利とパースペクティヴの広がりとが互いに高まっていく」過程を意味すると説く。『人間的あまりに人間的』IIの序文では、彼は自分の体験した「ある病気と快癒の歴史」が「私の個人的な体験にすぎなかったのであろうか？」と自問しながら、「今日ありとあらゆる病気や毒や危険の溜り場」である読者、ただし「明日の、明後日の健康への道を進む」ために「どんな個別者よりもいっそう重く病むべきことを望んでいる」読者にとって、それが役立つことを示唆し、そうした読者に、「もっとも健康なる者、もっとも強固なるもの、君たち良きヨーロッパ人よ！」と呼びかける。

「良きヨーロッパ人」であるかはともかくとして、非力ながら私たちもまた、ニーチェの個人史に則した反一般的思考を、個人的体験の標本箱に収めてしまうことや、普遍的な真理に祭りあげてしまうことを避けつつ、病める自分自身の「明日の健康への道」の開鑿に役立てたいと望んでいる。

（1）ルー・ザロメ／原佑訳『ニーチェ　人と作品』以文社、一九七四年、五〇頁。

病者の光学

病気になることと健康の再創造のダイナミックで内的な関係は、ニーチェの知的生活の最後に『この人を見よ』のなかで「病者の光学」として、つぎのように定式化されるにいたる。

——私の場合、病気の回復とは、長い長い、あまりに長い年月を意味するのである——そのうえ残念ながら、それは一種のデカダンスの再発、悪化、周期的反復をも意味する。これだけ言えば、いまさら私がデカダンスの諸問題にかけては熟練者だということを言いたす必要があろうか？　デカダンスという語を私は頭のほうからも尻尾のほうからも、一字一字丹念にたどった。なんでも手で触ってみて弁別するあの金銀線細工の技にしても、ニュアンスを感得するあの指にしても、「見えないところを見抜く」あの心理学にしても、その他私の特技とするところは、すべてあの時期［『漂泊者とその影』から『曙光』にかけて］に初めて習得したものだ。これは、私の観察そのものも観察の器官も、要するに私におけるすべてが精妙になったあの時期でなければ到底得られようもない賜物である。病者の光学から、自分のよりもっと健康な概念と価値とを見渡し、今度は逆に、豊かな生の充実と自信から、デカダンス本能のひそかな営みを見おろすこと——この修行に私はいちばん年季をかけたし、私になにか本当の意味の経験があったと言えるとすれば、このことこそまさにそれであり、なにかの道で私が達人となったと言えるとすれば、まさにこの道においてだ。いまでは私はこの技をすっかりものにしている。パースペクティヴを換えるということはお手のものだ。おそらく私にだけ「価値の価値転換」などということが可能なのはそもそもなぜなのか？　その第一の理由がここにある。

――（「なぜ私はこんなに利口なのか」）

一八八六年―八七年の序文群の延長線上に創造された著作が、本書で私が重視してきた『この人を見よ』である。これは、自註の仮面をまとった哲学的自伝とも、哲学的自伝の仮面をまとった自註ともいえるユニークで大胆なテクストだが、まさにそこで序文群との血縁性に符合する内容として、「病者の光学」が開陳されているのだ。

ニーチェは、みずからの持病の周期的反復と「大いなる健康」との内在的関係を、一種の認識方法として呈示している。発作の時期とは、生命力の下降したデカダンスの時期であるが、哲学者はその低い観点から、より生命力に満ちた概念と価値を観察し、生命力が上昇して元気になったときには、その高い観点から、デカダンスの水準にある概念と価値を観察する。力に満ちていたり、衰弱していたりする観察対象は、様々な時代の他者のものであることもあれば、過去の自分自身のもの（記憶やテクスト）であることもあるだろう。

こうした内容はもとより、「光学 Optik」「見渡す」「見おろす」「パースペクティヴ」という語彙から、「病者の光学」がパースペクティヴィズムの一形態であることは明らかである。パースペクティヴィズムは、一種類のパースペクティヴへの固執ではなく、生の位階秩序にしたがった複数のパースペクティヴの重層的編成を意味し、その形成には徴候学的解釈が必要とされることを私たちは確認している（本書第三章「パースペクティヴィズム1　徴候学的読解」）。ニーチェにおいてパースペクティヴィズムの概念というか方法論が形成されるのは『悦ばしき知識』から『ツァラトゥストラ』にかけての時期だが、「病者の光学」とは、パースペクティヴィズムという方法を、発作と回復を繰り返す自己自身に差し向け、病気のパースペクティヴと健康のパースペクティヴとのあいだに回路をつくりだす企てなのだ。

したがって、概観すれば、「病者の光学」はニーチェが得意とする分身劇・仮面劇をさらに豊かにする方法でもある。

この経験の二重系列、一見まったく別な世界のように見える二つの世界［デカダンスとその反対］のどちらへも出入りできるということが、万事につけて私の性質のなかに繰り返し現れる――私とは一種のドッペルゲンガーなのだ。私は第一の顔のほかに「第二の」顔をもっている。さらにひょっとしたら第三の顔までもっているかもしれぬ……（『この人を見よ』「なぜ私はこんなに利口なのか」）

重要な点は、観察する「私」そのものが中立的で同一な存在なのではなく、生命力の増減に応じて質的に異なる観点を意味するということである。そして、そうだからこそ、上昇と下降、俯瞰と仰瞰の反復的経験からは、デカルト的コギトの否定と、思考する意識自体にかんする新たな認識という賜物がもたらされることにもなる。これは、「自己支配」ないし「自己への配慮」の処方にも根本的かつ具体的にかかわる認識にほかならない。

ところで、「なぜ私はこんなに利口なのか」の文脈に注意を払うならば、デカダンスと健康の二重性が、じつは四重性でもあるという事実が浮かびあがる。ニーチェは「私は一個のデカダンである」という自己規定につづけて、すぐに「私はまた同時にデカダンの反対でもある」（強調・引用者）と補足する。どういうことか？　発病の背後で、生命力が活性化しているということである。その証拠は、たんなるデカダンは、発病した場合、「いつもかえってまずい処置を講ずる」のにたいして、「私」のほうは、「本能的に適切な処置」を講じたということ、「絶対的に孤独になろうとし、慣れた境遇から脱出しようとするあのエネルギー、もうこれ以上世話や看護や医療を受けまいとする自己規制」を発揮したということである。そしてさらに、『悲劇の誕生』を克服した彼の哲学自体が、その証拠として挙げられる。「私の活力が最低まで落ちていた数年こそ、私がペシミストであることをやめた時期であった。自己を建てなおそうとする本能が私に貧困と意気消沈との哲学などというものを禁止したのであった」。

病気がドミナントに顕われているときに、健康が潜在的に始動している。ならば当然、逆に健康なときに、病的なものがひそかに働いていることもあろう。健康な自己とか、病気な自己というものの自体が二重の存在であり、それらがさらに反復的に交互に相手を観察しあう……。

ニーチェによれば、ルサンチマンは、生命力のデカダンスから生まれ、さらに自他の生命力を劣化させる毒薬である。「病気であるということが一種のルサンチマンそのものである」。「なんといってもルサンチマンくらいすみやかに人間を焼きつくすものはほかにない。不機嫌、病的な傷つきやすさ、復讐したくてもできない非力、復讐への欲念と渇望、あらゆる意味における毒薬の調合——これは確かに衰弱者にとってはもっとも不利な反応の仕方であるに決まっている。……だからルサンチマンは病人にとって絶対の禁物であり、もっぱら病人にとっての悪なのだが、困ったことに、病人というものは得てしてこういう状態に陥りやすいのだ」。

『この人を見よ』のニーチェは、勝利者の口調で、自分は「ルサンチマンを清算してしまっている」とか、「私はルサンチマンについては何から何まで知りつくしている」と豪語しているが、これは裏を返せば、持病との闘いのなかで彼自身がルサンチマンを自覚し、ルサンチマンに呑みつくされる危険のなかで、ルサンチマンの危険性や仕組みや対処法を充分研究した、ということを意味するだろう。

書簡や遺稿を繙けば、そのことは如実にわかる。たとえば、序文群から約一年後に彼が大雨のシルス＝マリアから書いた手紙——「身体の丈夫な者なら、なんだって平気に乗り越えていくのに、病人にはなにもいいことはない。天からの最上の賜物さえ冷たく、悲しくも脇にのけられてしまうのだ。身体の故障のため、僕はこの一年間、大袈裟にいうのではないが、一日も晴れ晴れとした日がなく、その故障は、あらゆる無気力、過敏、邪推、労働不能とかのかたちで現れて、まるで重症の精神病のようだった。そこで僕も肉体を罪人と確信して、告発するのだ、——それは、君の人生には善良なる神が免れさせてくれている悲惨さだ。正当に考えて、僕はこの約一週間の根本的変化を認めたい。だが、僕の不信の念は大きく、また現にまったく重い発作の起こる日はあいかわらず多く、明日はまた旧に復してしまうのではないかと考えている」(ガスト宛て、一八八七年七月一八日)。

この嘆きの次ぎの段落には、著書が売れない経済的苦しさと、世間に理解されないことの苦しさ、「四十三歳のていたらく」の嘆きが切々と綴られている。当然ながら、ニーチェは、病を理由に肉体を罪人として告発することが、彼の哲学に反する非理性であり、彼の哲学がこれまで闘ってきた思想であることを意識しているはずであり、だからこそ自分のその想念を「まるで重症の精神病のよう」と評しているのだろう。だが、戯れにせよ「善良な神」まで持ち出してガストの健康を嫉妬するという典型的ルサンチマンを演じてしまうほど、彼は重い「デカダンス」のうちにある。なるほど、それが恒常的なものではなく、「正当な」推論の名において、「根本的変化」が一週間前に到来した可能性に言及してはいる。けれどもじつは、それすら、すぐにデカダンスへ解消してしまうかもしれない変化にすぎないようだ。まさにここには、パースペクティヴ自体の上下運動が生々しく進行形で記述されている。

ニーチェは、病気や不遇のせいで、むしろルサンチマンの人になる可能性があったのである。彼によるルサンチマンの批判的分析は、自己分析の側面を濃厚にもつ。しかしだからこそ、私たちは、ニーチェにおける病気は、思想をつくりだしたり、思想に一方的に刻印を残したりする力ではなく、答えの創造を要請する問いであり、人生の岐路であり、思想の試金石であったと考えなければならない。

確かに、ニーチェはときどき思想・道徳・理想を——とくにそれらがルサンチマンに基づくものである場合——身体の自動的な症例のごとく語る。だが、丁寧に読めば、一見機械的な帰結であるかに見える事柄のうちにまで「意志」による選択が働いていることを見る微視的光学にこそ、彼の特質があるということがわかる。「徳とは魂の健康である」という「医学的な道徳訓」（ギリシアのキオス島に生きたストア派の哲学者アリストンを起源とする）を実践的に使用できるようにするには、それを「汝の徳とは汝の魂の健康である」と修正する必要があると、彼は説く。なぜか？

なぜなら、健康そのものというものはないからだ。また事柄をそんなふうに定義しようとするあらゆる試みは、みじめにも失敗に終った。君の肉体にとってすら健康とは何を意味するのかを決定するのは、君の目標、君の視界、君の力量、君の衝動、君の錯誤とくに君の魂の理想や幻想が、極め手となるのだ。それゆえ数かぎりない肉体の健康がある。そして我々が個別的な者・独特なものに発言権をあらためて認めてやるようになればなるほど、また、我々が「人間の平等」というドグマを忘れれば忘れるほど、それだけますます我々の医師たちは、正常な養生とか病状の正常な経過とかいう概念ともろともに、正常な健康という概念をも失ってしまうに違いない。そうなってこそはじめて、魂の健康と病気について熟考し、各人固有の徳をそれぞれの健康の道につかせる好機に恵まれるだろう。もちろんその道は、ある者にとって健康と思えるものでも、他のものにとって健康の反対と思われるかもしれないが。最後になお次の問題が残っている。すなわち我々は我々の徳の発達のためにすら病気なしで済ませることができるものかどうか、また、とくに認識および自己認識をめざす我々の渇望は、健康な魂と病気な魂の双方を同じくらい必要とするのではないかどうか、という問題である。つまり、ただひたむきに健康だけを望む意志は、一個の偏見、一個の怯懦、そしておそらくはとびきり上等の蛮風と時代遅れの片割れではなかろうか、という問題である。(『悦ばしき知識』一二〇)

反省を経ない身体的な反応にすら、精神による刺戟の取捨選択が決定的に作用しており、その取捨選択の様式は、各人各様である。ニーチェの言う身体や生には、このような原思考が必ず含まれていると考えなければならない。なぜなら、そのことこそが、世界がつねにすでに無数の仮象であり、無数の力への意志のパースペクティヴであるということの理由だからだ。ルサンチマンとは、慢性的な不幸の意識と劣等感にたいする慰安のために、本能的に自己の生の個別的活動を肯定することを放棄して、「普遍的真理」や「平等」の名においてあらゆる生を裁こうとする、「一個の偏見、一個の怯懦」であり、「健康そのもの」という抽象的な観念と結びつきやすい。

ルサンチマンを批判し生を顕揚するニーチェの思想は、病める自己のうちのルサンチマンの誘惑との自覚的闘いを通し、能動的に勝ち獲られたものであり、病気の反映や帰結ではなく、あえていえば病気の活用である。ニーチェ哲学が彼自身の病気の体験なくしてはありえなかったということは、したがって、彼の哲学が「病的」であるということではなく、彼の哲学が病気やルサンチマンや思考を新たな角度から自省する実践的知性として鍛え上げられたということを意味する。医学的知や「小さな健康」とつながりを保ちながらも、別の水準で別の意義をもつこの実践的知性こそ、「病者の光学」であり「大いなる健康」にほかならない。ニーチェ本人が発狂したくらいで、どうしてそれらの価値が損なわれるのだろうか？

力への意志の両義性

パースペクティヴィズム、大いなる健康、病者の光学のいずれも、力への意志を原理的に前提としており、その実現形態であるといえる。つまりそれらを充分に理解するには、力への意志とは何か理解する必要がある。しかし、力への意志は、ニーチェ研究において非常に解釈と評価のわかれる危うい主題にほかならない。

力への意志について冷静に論じることをさまたげる問題はいくつもある。ニーチェが一八八〇年代後半に『力への意志』という題の体系的著作を構想し、そのために多くの覚書をしたためたのは事実だが、結局彼はその執筆を充分わからぬ理由で放棄した。それなのに、彼の没後、エリーザベト・ニーチェは、遺稿を恣意的に編集した代物に『力への意志』というタイトルを冠して、あろうことかニーチェの「主著」として出版した。その社会的影響が大きく、しかもそれがナショナリズムやナチズムを権威づける思想書のように受容されたことが、事態をさらに紛糾させてしまった。

ニーチェが力への意志を自分の哲学にとって根本的な原理と考えていたことには、疑問の余地がない。「力への意志」というキーワードは、『ツァラトゥストラ』第一部（一八八三年）の「千の目標とひとつの目標」に初出し、以後著作のはしばしに、とりわけ『善悪の彼岸』『道徳の系譜学』『悦ばしき知識』第五書に登場する。しかし、ニーチェ自身によって公けにされたテクストを参照してもなお、「力」や「意志」という語の意味合いが多様すぎたり、曖昧であったり、彼の他の教説と矛盾しているように思われるという問題が残る。

Wille zur Macht（力への意志）の Macht（力）という語は、単純に「力」や「能力」を意味する Kraft と異なり、「権力」「支配力」「影響力」をカヴァーし、「強国」「大国」の意味にもなる。つまり、他の存在ないし力にはたらきかけて、それを自分に従属させようとするような、闘争性・政治性を濃厚に帯びた語彙である。この特徴は、Wille（意志）あるいは Wille zur（への意志）という表現に含まれる能動的な方向性・志向性と整合しており、Wille zur Macht は「権力への意志」とも訳される。「力への意志」とは、したがって他を自分に服従させようとすることを本質とする意志ということになる。

「生への意志」という類義語にニーチェが批判を加えるのは、生の意志が、厳密には、生そのものを、つまり生の維持を欲するものではなく、支配力の増強を欲するものであるという考えによる――「ただ生のあるところにのみ、意志もまたある。しかし、それは生への意志ではなく、……力への意志なのだ！」（『ツァラトゥストラ』第二部「自己超克について」）。だからこそ、生はしばしばみずからを犠牲にしてまで何ごとかを欲したり、自己――旧来の自己の破壊と、新しい自己の創造――を遂げたりするのだ。すなわち、旧来の尺度を捨て、自分で新たな尺度を創造し、世界を新たな仕方で価値評価する。「生への意志」ではなく「権力への意志」とすることには、安逸や慰撫や停滞への傾きを批判し、変化や超克や創造を肯定しようとするニーチェのねらいが込められている。

また、ありとあらゆる生に力への意志を見る結果、力への意志は存在論的な広がりを獲得し、善悪や真偽という価値基準が、力への意志の仮面として相対化される（Machtという語の採用にこめられた悪意）。しかし一方そのことで、力への意志どうしの差異と位階秩序が見にくくなる、という問題も生じる。様々なタイプの力への意志が存在するのに、力への意志であれさえすれば価値があるかのように思われたり、それらのあいだの優劣が、スポーツのごとく、単純に勝敗という結果から判断できるかのようにも思われたりする。

しかし、力について「能動的な力」と「反動的な力」の差異に充分注意を払うならば、ニーチェの考えがそれほど単純ではないことは明らかである。能動的な力は、既成の尺度で評価できない新しいものを創造する力、みずからの価値自体を創造し、みずからの差異化を直接享受する力である。反動的な力（畜群本能）は、反対に、みずから創造することなく、能動的な力にたいするルサンチマンから、能動的な力を陰険な手口で悪や異常や無力として貶め、既成の一般的・超越的な価値（神、善悪、真理、平等、名声、恐怖、貨幣……）の威をかりてマジョリティーたらんとする力である。こうした力への意志の質的区別は、魂における「健康」と「病気」の区別に直結するだろう。能動的な力は「健康」にあたり、反動的な力は「病気」にあたる。だが、私たちの社会においては、能動的な健康者、自己の生を掛け値なしに引き受ける強者が、反動的な不健康者のなかにあって孤立し、侮辱され、敗北し、不健康者のほうが、寄り集まってヘゲモニーを掌握し、堂々と大手を振って歩いているという光景こそ、ごく日常的なものとなっている。また、苦悩にたいしてせいぜい麻酔薬の役目しかはたさないルサンチマンという毒が、苦悩する生への特効薬であるかのごとくよく売れる。勝敗が質のヒエラルキー（強い―弱い、偉大―卑小）に反比例するという不幸な歴史的逆説。したがって、「大いなる健康」も含めてニーチェの強者についての教説は、この全体的倒錯のなかで孤立する高貴な魂を鼓舞する強壮効果を発揮するのだが、粗雑に聴取されると、かえって反動的多数派に資する危険をはらんでいる。彼らは皮肉をエールと聴き違えてしまうのだ。

ところで、力への意志という概念が、ニーチェ哲学の他の要素、世界を「戯れ」と見るヴィジョンや、「自我」「存在」「理性」「原因」等にたいする批判と矛盾するとする解釈がある。こうした角度からニーチェを批判したり擁護したりする論者は、多くの場合、ナチズムないしファシズムにおけるニーチェ受容史を意識している。たとえば、マルチン・ハイデガーは、力への意志に、「存在」を忘却し、自然を人間の意志によって支配しつくそうとする西洋形而上学の最終段階を見ているし[(1)]、ナチスによる占領下にニーチェ研究を深めたジョルジュ・バタイユは、力への意志の教説を、生をニーチェ自身による道徳批判と生の全的肯定（笑い、舞踏、軽さ）の所説やニーチェ自身の恍惚とした啓示体験からの「後戻り」であると批判する[(2)]。こうした動向にたいして、ドゥルーズは「力への意志」を、単なる「力」や「意志」から区別し、質と量をそなえた「力」がそこから生成してくる「産出の境位」、「力の発生論的境位」として大胆に再解釈することで、「力への意志」を目的性・意識性の水準から切り離すことを企てている。つまり、「力への意志」において、「力」は「意志」の「目的」ではなく、自己差異化・顕在化の趨勢そのものであるという次第になる[(3)]。かくして、力への意志は、きっぱりと脱擬人化され、非人称化される。このドゥルーズの力の存在論は、「力への意志」を、ハイデガーやバタイユの指摘していた陥穽から見事に救い出しているが、あえて批評すれば、見事すぎ、正しすぎるように思われる。
ニーチェ自身は「意志」や「意識」をどのようなものとして理解していたか？『善悪の彼岸』でニーチェは、ショーペンハウアーも含めてこれまで哲学者たちは「意志」を熟知の自明な事柄であるかのように見なしてきた点で、「民衆の先入観」を出ていないと言い、意志の複合性を説く。「意志」と極めて大雑把に呼ばれている現象には、好悪の感情、筋肉感情、思考、命令を発する情動、価値評価等じつに様々なものが含まれており、複雑に複合している。

だがしかし、意志における――つまり民衆がそれを表現するのにただの一語しかもちあわせていないこのはなはだしく多様なものにおける、次の奇妙極まりない点に注意されたい。すなわち我々は、いかなる場合にも命令者であると同時に服従者であり、そして服従者としては、意志の働きとともにすぐに生じるのがつねである強制・逼迫・圧迫・抵抗・運動などの感情を知っている。他方、我々が、この二重性を〈我〉という総合概念によって取りかたづけ、誤魔化しさるという習慣をもっているかぎり、意欲というものには、なお誤謬推論の全連鎖と、したがって意志そのものの誤った評価がまつわりついてくるわけだ。――ここからして意欲する

---

(1) マルティン・ハイデガー『ニーチェ』II・一章「力への意志の本質」。
(2) ジョルジュ・バタイユ『ニーチェについて』序
(3) ジル・ドゥルーズ『ニーチェと哲学』第三章四―六。

者は、行為するには意欲だけで充分だと固く信じるようになった。たいていの場合、命令の効果が、つまり服従が、要するに行為が、期待されうるときにのみ意欲されるため、この見かけの事態が反転して、あたかも命令の効果の必然性がそこに存在するかのように感じとられるにいたった。とにかく、意欲するものは相当の確信をもって、意志と行為とがなんらかの意味においてひとつであると信じている。——彼は、成功を、意欲を、意欲の実現を、やはり意志そのものの功に帰し、そこにおいて権力感情の増大を愉しむ。〈意志の自由〉——とは、命令を下し、それと同時にみずからをその実現者と同一視する意欲者のあの多様な愉悦状態を表現する言葉なのだ。(『善悪の彼岸』第一章・一九)

ニーチェが注目しているのは、第一に、単一の実体としての自我など存在せず、力への意志は、つねにすでに無数の多様な力への意志を含んでおり、微細な能動と受動からなる多様体であるということである(意志を「根源的一者」と定義したショーペンハウアーの意志観にたいする批判)。第二に、意志どうしの精妙な交渉は、意志それぞれの性状に対応した強度や情動と不可分である(したがって、叡智的・中性的な「自由意志」など実在しない)。第三に——これがここで強調しておきたい点だが——、この巨大で微細な政治は、それ自体としては決して意識されず、意識の水準では、自我の単一で同質な「自由意志」のはたらきとして誤って翻訳され、権力感情の増大として享受されるということである。その愉悦感には、じつは自我以下の潜在的な諸意志の感情が内包されていさえするのだが、私たちはそのこともそれとしては意識しない。

このようにして、意欲する者は、みずからの命令者としての愉悦感情につけくわえて、さらに遂行し成功を収める道具としての従順な〈下属意志〉あるいは〈下属霊魂〉——我々の肉体は実のところ多くの霊魂の社会的構造に過ぎない——の愉悦感情をも、享受するのである。成果はほかならぬこの我々の自我だ、という次第だ。これは要するに、ここにおいても、すべての良く整えられた幸福な社会に起こるのと同じことが、つまり支配階級がその社会の諸成果と同一視されるということが起こるわけだ。すべての意欲において決定的に重要なことは、いま言ったように、多くの霊魂の社会的構造を基礎とした命令と服従ということである。それゆえ哲学者たるものは、意欲そのものすらも道徳の視野のうちに捉え込む権利をもつとしなければなるまい。(同右)

もし『力への意志』が書きあげられていたなら、それは必ずや「意志」という表象についての批判的再検討を主要な論点のひとつとしていたことだろう。個人のうちには単一の力への意志しかないという虚構は、自我が成立するために不可避的な仮象である。かくして、意識―無意識、目的―無為といった二項対立において、力への意志にまつわる本質的な両義性が明らかとなる。全体としての力への意志は、無意識において闘争しあう多数の意志と、意識において意志の命令の直線的な実現を空想する意志という異なった水準を巻き込んだ、複雑な運動なのだ。したがって、力への意志は、権力の増大を目的とする意志として現象すると同時に、つねに意識も目的も超えた多様な戯れを己れの発生論的深淵に隠している。

『善悪の彼岸』や『道徳の系譜』でニーチェは力への意志の系譜的類型学を素描しているが、彼自身の力への意志はどのような性質のものなのか？　自分のメカニズムを自覚するにいたった力への意志は、自分がなんであるのかを知らない力への意志と、微妙だが決定的に異ならざるをえないのではないか？　引用文の末尾で彼自身が示唆しているように、力への意志の教説は、哲学者にとって、「道徳」の再創造を要請する問題となるだろう。

健康への意志

身体はひとつの大いなる理性である。意味をもつ多様であり、戦争と平和であり、畜群と牧人である。

わが兄弟よ、君が「精神」と呼ぶところの、君の小さな理性もまた、君の身体の道具である。君の大いなる理性のひとつの小さな道具ないし玩具である。

「自我」と君は言い、そしてその言葉を誇りとしている。だが、より大いなるものは――君はそのことを信じようとしないが――君の身体であり、そして君の身体の大いなる理性である。

［……］

感覚と精神は、道具ないし玩具である。それらの背後には、さらに自己が横たわっているのだ。当然また、自己は感覚の眼で探り、精神の耳で聴く。（『ツァラトゥストラ』第一部「身体を軽蔑する者たちについて」）

そうであってみれば、病気とは、とくに症状の変化やそれに伴う情動の変化とは、「自我」(Ich) の傲慢を撃つ「自己」(Selbst)＝身体の抗議だろう。つまり、自我が自我と見なしているものや道具と見なしているもののうちに、無数の多様な力への意志が蠢いている事実を示唆する徴候だろう。病苦を体験することをとおして、精神ははじめてそのことに気づき、自分の無知、自分の傲慢、自分の卑小さを悟る。「道具」を用いていると思っていた自分のほうが「道具」だったと。しかし、ここが大事なところだが、深刻な病気の場合、だからこそ精神は意志を放棄して解脱したり、生の混沌に放縦に身をまかせる、というわけにはいかないのだ。みずからの苦痛によって、精神は見えない諸力への実践的対応を強要される。そのとき精神は自分の存在意義を自覚し、身体の道具であることを積極的に引き受けながら新たな仕方で思考しはじめることになる。

君の自己は、君の自我とその誇らしげな跳梁を嘲笑する。「思考のこういった跳梁や飛躍は、私にとっていったい何であるのか？」と自己はみずからに言う。「私の目的へのひとつの迂路だ。私は自我の手引き紐であり、また自我の諸概念を示唆する者である。」自己は自我にむかって言う、「ここで苦痛を感ぜよ！」と。すると、そこで自我は苦悩する。そして、もはや苦悩することのないためにはどうすればよいのかを熟考する。――そして、そのためにこそ、それは思考すべきものなのだ。（同章）

生への信頼は失われた、生そのものが問題と化した。――それによって我々が必然的に陰気者になったなどと信じてもらいたくない！　生への愛とてもなお可能である。――別な愛し方をするだけだ。それは、我々に疑惑を覚えさせる女にたいするような愛だ……（『悦ばしき知識』第二版のための序文）

精神や自我と自称するものは、「創造する身体が、みずからのために、自分の意志の手として」創造したものであるからこそ、身体という「大いなる理性」の道具ないし玩具という本来の役目を演じとおせばよいのであり、そのとき、「小さな理性」は「大いなる健康」の不可欠の要素となる。思考の跳躍とは、つまるところ自己の自己触発である。思慮放棄は、むしろ「自己」にたいする裏切りを意味する。

こうした角度から、私たちは「力への意志」の二重性を、彼の病苦と思索との関係に関係する思想として捉えなおすことができよう。「力への意志」という語の連なりがもつ曖昧さ・可塑性・両義性そのものに、ある種の実践的価値がはらまれているように思われる。というのも、身体からの恐るべき問いにたいして、「力への意志」の両義性を認識している自我は、一方で、自分自身が実体ではなく仮象であることをわきまえながら生の声に耳を傾け、他方では、果敢であったり、慎重であったり、堅固であったりする「力への意志」として身体に命令をくだし、さらにそのことで新たに身体から影響を被ることを期待するからである。そして、本書で詳しくみてきたように、まさにそれが病めるニーチェの現実の生き方であり、保養生活であるからである。自己を支配しようとする顕在的な力への意志は、潜在的な力への意志（＝自己＝身体）への献身的配慮を前提としており、この配慮のさらに前提には、後者の根源的能動性・創造性の認識が控えている。

ニーチェが哲学史において新しく貴重な存在であるとすれば、その最大の理由は、生との関係における思考の絶対的受動性（＝「運命」）の認識をもとに、生と思考の関係を、ルサンチマンから解に放し、創造的で肯定的な愛すべきものへと転換する回路を、徹底して実践的につくりだしたことに求められる。生の観点から意識や意志のヒュブリス（不遜）を嘲笑する一方で、荒振る生を周到に、繊細に、粘り強く聴診し、生を誘導しようとすること。このどちらかの面だけをニーチェだと思い込むならば、活き活きしたニーチェは私たちの前から姿をくらましてしまい、ニーチェのパロディしか手許には残らないだろう。

それでは、自我は、自我を玩具として弄ぶ生のありようをいったいどのようにして認識し、それに対処しえるというのか？　「大いなる理性」は「小さな理性」にとって不可知で操作不能な謎にとどまる運命にあるのではないか？

対象を明晰に表象するということのみを認識と呼ぶならば、確かにそのとおりだろう。しかし、ニーチェが実践しているのは、それとは異質な徴候学的思考である。

善と悪との一切の名称は比喩である。それらの名称は、あからさまには語らず、ただ暗示するだけだ。それらの名称から知識を得ようとするものは、阿呆だ。

わが兄弟たちよ、君たちの精神が比喩で話そうとしている時々刻々に留意せよ、そこに君たちの徳の源泉がある。

そのとき君たちの身体は高まり、甦っている。君たちの身体は、みずからの大いなる歓喜でもって精神を魅惑し、かくして精神は、創造者となり、評価者となり、愛する者となり、一切の事物の恩恵を与える者となる。（『ツァラトゥストラ』第一部「贈与する徳について」）

身体は、精神にたいして直接あからさまに現前することは決してないが、そのかわり比喩・徴・徴候という「手引き紐」（迷宮でテセウスを導くアリアドネの糸）により精神を誘惑する。重要でまた難しいのは、それを適切なときに察知し、多様な生の声として読み解くことにほかならない。しかし、徴が出現し、それが読解されるなら、そのこと自体がすでに生の高まり・強化・豊饒化を意味するだろう。

そして、こうした徴候学に支えられながら、さらに積極的に生に応える仕方が、彼の保養生活である。精神と生との関係は、絶対に非対称的で不等だが、循環的なのだ。かくして、「力への意志」の両義性・二重性の認識に基づいた新しい哲学的道徳とは、一種の保養生活にほかならないということがわかる。もっとも、この道徳の新しさを表現するには、モラルという言葉よりも、ヴァーチューという言葉のほうがふさわしかろう。その語源は、ラテン語の virtus（力、徳）であり、ヴァーチャルの語源と等しい。

では、彼の保養生活を、他の諸章で述べたこととの重複を厭わず、「力への意志」の観点から再確認してみたい。

まず、私たちは旅行の意義の豊かさに改めて驚かざるをえない。自然的・文化的・歴史的力線の複雑な網目からなる〈場所〉は、身体を支え包み込みながら内在的に規定しているが、人間は住む場所を一変させる能力に恵まれており、そのことによって身体の力への意志に良しも悪しくもはたらきかけることができる。同じことは、飲料や食物についてもいえる。場所を変える諸方法のなかでも、特に転地療法は、周期的反復性や、数年ごとの保養地の変更によって、生へ有効的にはたらきかける。ルー・ザロメは、『ニーチェ　人と作品』第一章でニーチェの病気の周期的反復性が彼の精神生活に明確なリズムを与えたのだと述べていたが、彼の旅行も同様である。彼の思想と著述の歴史は、持病の波状の推移だけでなく、旅行生活によってもドラマチックに分節され、回帰や脱皮の運動を刻印されている。それらは、病気と旅行という二重のリズムによって分節された営みなのであり、多かれ少なかれ自己劇化を隠している。

特定の場所が、特定の思想の一種のインデックスとなる。同じ場所を同じ季節に再訪することは、以前そこに住んでいたときの思想や感情をニーチェに生々しく思い起こさせる。彼の場合、思想が場所からの触発に負うところが大きいので、なおさらそういう仕儀となる。「ねえ君、僕はまたしてもオーバー・エンガディンに来ている、これで三度目だ。いままた感じるのだが、この地こそ僕の真の故郷で、孵化地なのだ」（カール・フォン・ゲルスドルフ宛て、一八八三年六月末）。またたとえば、『悦ばしき知識』の故郷であるニースへ戻ってきたからこそ、『ツァラトゥストラ』第三部の絶唱「七つの封印」が書けたのだというように、彼は考えていた（オーヴァーベク宛て、一八八四年四月七日）。

逆に、再訪が、変化や終りを浮き彫りにすることもある。「なにもかもが結託しあってこの僕を深淵のなかに勾留してしまうかのように見えるのだ——たとえばジェノヴァの海岸で、まだ経験したこともないような恐るべき今冬の天候や、この寒い陰鬱な雨天の夏が」（オーヴァーベク宛て、シルス＝マリアから一八八三年八月一四日）。あるいは、まさに転地療法の観点だが、良い場所というのもその効果が最大限に出るのは初訪の際であって、二度目・三度目になるとうまくいかない、といった種類の嘆きも書簡に読まれる。

　そもそも、かつての思考や気分を同じ場所で喚起することそのもののなかにすでに、過去の自己からの自己差異化の運動がはらまれていよう。訪れたばかりのトリノから最後のジェノヴァ滞在を振り返った文面――「ジェノヴァでは、僕は影法師のように思い出に耽りながらぐるぐると歩きまわっていた。僕があそこで愛した選り抜きの五つ六つの地点は、いまはもっと僕の気に入りの場所となった。というのも、比類ない蒼白い気品をそなえ、リヴィエラが提供する一切をはるかに凌駕しているように思えたからなのだ。デカダンスの数年間に、この厳しい暗い都会へゆくように判決を下した僕の運命に、僕は感謝しているのだ」（ガスト宛て、一八八八年四月七日）。

　そして、なじんできた場所と訣別して未知の土地に移住することは、思想の新展開を促進する。ジェノヴァからニースへの切り替えや、ニースやヴェネツィアからトリノへの切り替えはそうした性格のものだ。

　〈場所〉と並んで、ニーチェの生の特定の状態に密接に結びつき、それを分節し、その記念となるのは、〈著述〉である。書くことは、狭義の強い意志に大幅に依拠すると同時に、それが本当に創造的なものであるならば、意図や意識を超えた生の力の活動記録となる。この一般論に加えて、彼においては、散策と書くことの融合やアフォリズムの駆使により、著述と生とが緊密化したことを特筆しておかねばならない。

　ただし、この緊密化は、彼の意志観から言っても、個別的な生のたんなる描写にはならないということに注意する必要がある。「力への意志」は創造する力であって、固定的な〈もの〉ではない。それゆえ、彼は著述に自然主義的な描写ではなく、生を高める仮象の創造を求めていた。なかでも重要な意義をもったと思われるのは、種々の仮面劇の創造である。ディオニュソス、フリードリヒ二世、ツァラトゥストラ、超人、鷲、獅子、テセウス、アリアドネ……など正の価値の系列だけでなく、負の価値の系列、十字架にかけられし者、ソクラテス、最後の人、重力の霊、道化師、ラクダ、ロバ、ミノタウノス……なども、ニーチェの仮面としてそれに劣らず重要である。なぜなら、こうしたキャラクター群の仮構によって、自己の力への意志における互いに破壊しあいかねない意志群を明瞭化し、さらに彼らの対話やドラマというかたちで、危険な意志群のあいだに、「相互に引き離しはするが決して敵対関係にはしない」「混合もしないし「和解」もさせない」ダイナミックで生産的な位階秩序をもたらす可能性、高度な自己支配の可能性が拓けるからである。仮面の利用を不道徳と見なす道徳に禍いあれ！

「健康者」と「病者」という像自体、この種の創造的・言語遂行論的なキャラクターに属していると見るべきなのだ——

そして病んだときですら、私はなお、我と我が身に加えたこの「いやなこと」にたいしても最大限よい顔をしてみせるとともに、病気、あるいは孤独、あるいは漂泊の疲労がなんらか関係しているかもしれないようないかなる結論にも陥らぬよう、意地悪く身を守った。「前進！」と私は自分に呼びかけた、「明日はお前は健康となっているだろう、——今日は健康を装おうことだけで足りるのだ。」当時私は、私にかかわる一切の「ペシミスティック」なものを克服した。健康自体への意志、そして健康の演技が、私の治療法であった。(『人間的、あまりに人間的』第二版序文のための遺稿)。

「力への意志」のもっともニーチェ的な形態は、多様で変化きわまりない自己における自己回帰・自己支配であり、「健康への意志」である。言い換えれば、ニーチェの哲学全体が「力への意志」の治療術であり、魂の旅行術なのだ。

最後に、自分の書いたものを読みなおすというプロセスが、自己支配において果したであろう意義を記しておく。書物を書くにあたって、手帖の覚書を読みなおす。また、できあがった書物を数年後に読みなおす。そうした際に、仮借なきパースペクティヴ主義者は、自分自身のエクリチュールを、書いていた時点では自覚できなかった力への意志の諸状態の徴候として解釈しなおすことができる。一八八六年から八七年にかけて書かれた序文群は、繰り返しになるが、まさにこうした自己再解釈の作業にあたる。その当時、彼はその作業の煩わしさを口にしており、それらの序文だけからなる一冊の書物を出版しようというフリッチュの提案を、一人称で語ることの恥ずかしさを理由に断ったが、八七年一一月一二日にはオーヴァーベクに宛て、「回顧がこれまでにないほど適わしいものとなった」と書くにいたった。そしてついに八八年一〇月、そうした序文集に近い自伝『この人を見よ』を一気に書きおろした。この自伝を構成する三大ファクターは、病気、場所、著作であり、ここでは著作は生―記録《バイオーグラフィー》として登場している。その記述に含まれる虚構を暴くことに大した意義はない。いまや「ニーチェ」が、ディオニュソスの道化――つまりディオニュソスの仮面――となったのだから……。これが、一八七九年以来試みられてきたニーチェの自己支配＝自己への回帰の到達点である。

あとがきにかえて　身体の政治

狭義の政治を問題とするなら、フリードリヒ・ニーチェの政治的手腕はゼロに等しかった。いや、むしろマイナスというべきかもしれない。彼がバーゼル大学の教員という公職にあった十年間ですら、ギムナジウムや大学の教育改革を訴える連続講演をしたにもかかわらず、彼がバーゼルの教育制度に影響を及ぼしたという話を、私は寡聞にして知らない。

ニーチェの思想に政治的意義があるとすれば、それはなによりも身体や情動の次元においてである。ニーチェによれば、身体は多数多様な力への「社会構造」であり、しかもこのミクロ社会の編成には歴史的・社会的規定が働いている。形而上学・キリスト教・ナショナリズムは、その最悪な規定力にほかならない。彼はそれらに、もっとも先駆的でラディカルな批判的分析を加えたうえに、この悪しき力の場からの文字どおりの逃走や、思考と身体との関係の改革を果敢に試みた。

ところが、一八八八年（知的人生の末期）にいたると、狭義の政治に棹さす言動が急に目立つようになるのだ。それらはどれもあまりにナイーヴで性急で誇大妄想的で、私たちを戸惑わせる。たとえば、ビスマルクとヴィルヘルム二世にたいする「宣戦布告」の草稿（当初、彼はこれを『この人を見よ』に収録する計画だった）、『反キリスト者』を初版百万部刷り、ユダヤ人勢力の大資本と士官たちを味方につけることによって、キリスト教と支配階級を打ち倒す計画（ゲオルグ・ブランデス宛ての書簡草稿）、等。

病的な弛緩が自信に加わった結果と思われるこうした愚言を、有効性の観点から批評したところで、ほとんど意味はないだろう。問題とすべきは、愚言の出来した思想的前提である。

ニーチェがこの種の発言をする際、みずからの政治的立場として掲げる「大いなる政治」とはなにか？——「小さな政治」と対立する概念である。

> 我々は人類を愛さない。が他面、我々はナショナリズムや人種的憎悪を弁護するにしては、国粋的心臓疥癬や敗血症に喜びを覚えるには、とてもまだまだ今はやりの「ドイツ的」という言葉の意味で「ドイツ的」であるには足りないのだ、——そうした病気のために、現在ヨーロッパでは、国民と国民が検疫で阻止されるようにわけへだてられ、遮断されているありさまだ。そのうえ我々はあまりにも囚われず、あまりにも意地悪く、あまりにも贅沢に慣れ、あまりにも良く教育され、あまりにも「旅をして」きている。我々は、山上に生きることを、世を離れて、「反時代的に」、過去あるいは将来の世紀に生きることを、はるかに好むのだ。せめてそうすることで我々は、ドイツ精神を虚栄的にすることによってドイツ精神を荒廃させる政治の、小さな政治でもある政治の、目撃者にされるという不運にたいして覚える秘かな憤りから免れる次第だ。（『悦ばしき知識』第五書・三七八[1]）

ヨーロッパを国民や人種や文化や国家や帝国といったメジャーな単位によって分断してしまう政

治、そうした単位に宗教的な熱心さでしがみつく弱者集団の政治が、「小さな政治」である。「検疫で阻止されるように」という表現には、リゾートのノマドの実感がこもっていよう。この「小さな政治」に抵抗する、独立した旅人たち・「故郷なき者たち」による政治こそ、「大いなる政治」なのだ。したがって、「大いなる政治」は、『人間的、あまりに人間的』の時期にすでに見いだされていた「良きヨーロッパ人」の政治ともいえる。

ニーチェはナポレオンを、この政治の偉大な先駆者と見なして称賛した。ナポレオンには、「ヨーロッパを政治経済的統一体となす」希有な能力があったというのである。ところが、それが成就されようとしているまさにその時、この強者にたいしてルサンチマンを抱いたドイツ人たちは、独立運動という反動をとおし、「小さな政治」(人種論的なナショナリズム)を発明して、ナポレオンの遠大なプロジェクトを流産させてしまった。それればかりか、彼らは自分たちの病気を、ドイツの国境を超えてヨーロッパ全体に蔓延させた――「ドイツ人はその後に起こったすべてのこと、今日なお存在しているすべてのことに責任があるのだ。ありうるかぎりのもっとも反文化的なこの病気と背理、ナショナリズム、ヨーロッパが罹っているこの国民的ノイローゼ、ヨーロッパの小国分立、卑小政治のこの永遠化に」(『この人を見よ』「ヴァーグナーの場合」)。

「大いなる政治」の始動によって「地上にはかつて一度もなかったような戦いが起こるであろう」(『この人を見よ』「なぜ私は一個の運命なのか」)と、ニーチェは予言したが、「大いなる政治」の本質

---

(1) 一八八八年一〇月一八日付けオーヴァーベク宛て書簡も参照。

が右記のようなものであってみれば、それが国家間のヘゲモニーをめぐる戦争ではないことは明白である。人々を再び結びつけることこそ、その真の使命にほかならない。ただし、それは彼らを既存の超越的カテゴリー(国家、帝国、民族、人種、宗教……)のうちに融合させることでもなければ、「人類」といった全体性のうちに融合させることでもない――「私たちが勝利を収めるなら、私たちは地球を治めることになるでしょう、――世界の平和を考えに入れて……私たちは人種、民族、階級という馬鹿げた境界を打ち砕いたのです。人間間の階級序列だけが、それも長大な序列だけしか残らないのです」(ゲオルク・ブランデス宛て書簡草稿、一八八八年一二月初め)。あらゆる超越的審級を退けるならば、力への意志どうしの内在的関係しか残らないことになるのだから、このようにニーチェが言うのは当然である。『力への意志』を準備している時期のニーチェが、未来の社会秩序を指してしばしば用いる「階級」という語は、封建的身分や、近代社会における経済的階級を連想させる点で極めて不用心な表現には違いないが、力の内在的秩序を指している。

その原点において理解するなら、「小さな政治」にたいする「大いなる政治」の関係は、ルサンチマンという病にたいする「大いなる健康」の関係に比例しており、ニーチェの思想の一貫性が見えてくる。ニーチェは、「健康」という観点から新しい政治を提唱したのであり、虐げられてきた身体の側から虐待者への反撃を企てたのだ。ここにはいまだ涸れていない可能性がある。

だが、彼の話がこの可能性の実現に及ぶと、それは様々な困難や問題に何重にも取り巻かれてしまうのだ。たとえば、身体内の位階秩序のようなものを、社会制度の次元では具体的にどのように形成することができるのか？　力の質の高級―低級の差異が、勝敗によっては判定されないとすれば、誰がそれを判定するのか？　天才的な哲学者=政治家だろうか？

ニーチェは、ナポレオンをそうした天才と受け止めている。しかし、それはナポレオンの実体だろうか？　ナポレオンの帝国からドイツ帝国を本質的にわかつ理由はなにか？　前者にたいする下位の力への意志の反動として後者が形成されたというのが本当ならば、その罪の半分は、ナポレオンの強引な支配、超越的な「自由」「平等」「人類愛」を掲げた支配に帰せられるのではないだろうか？

ニーチェはドイツのナショナリズムにたいする批判力を緩めなかったが、そのぶんフランスとイタリアにたいして評価が甘すぎるように思われる。長い間小邦に分裂していたイタリアの統一運動は、ドイツのそれとどう本質的に違うのか？　やはりナポレオン体制にたいする反動的ナショナリズムとして展開したではないか？　サルデーニャ公国を中心としたイタリア王国の成立（一八六一年）は、ちょうどその十年後におけるプロイセン王国を中心としたドイツ帝国の成立とあまりによく似ているではないか？

たぶん私たちは、ルサンチマンの政治を批判することの本質的な難しさを前にしているのだろう。近代市民社会にたいする根源的批判は、アナクロニックな過去の亡霊を回帰させる危険を、その結果としての生の再領土化の危険をつねにはらんでいる。交通を遮断する「小さな政治」にたいする批判は、「小さな政治」の規模を拡大しただけの「帝国」の形成を加速させる危険をつねにはらんでいる。

そして「健康」にかんしても、ナショナリズムの狡知はニーチェの予想をはるかに凌駕するものだったといえよう。

古代ギリシアのオリンピックの復活を自称したベルリン・オリンピック！　ニーチェを小脇にかかえたヒトラー・ユーゲントによるワンダー・フォーゲル運動！　確かに、ナチス・ドイツの知識人たちがニーチェをナチズムを正当化する哲学者であるかのように語った責任は、エリーザベト・ニーチェによる改竄や、ニーチェの明白なドイツ批判・反ユダヤ主義批判・ナショナリズム批判から目をそらし、「力への意志」や「健康」や「大地」をその文脈からはずして恣意的に解釈した彼らにある。ナチズムにおける「力への意志」は、明らかにルサンチマンのかたちをとった畜群の本能であり、彼らが称揚する「健康」は、自己喪失にすぎない。けれども、「健康」があれほど表立って、奴隷一揆的な権力の主要政策主題となるとは、さすがのニーチェも予想していなかっただろう。健康を管理しようとする医者や家族の姑息な力への意志に敏感だった彼も、「生-権力」（ミシエル・フーコー）のあれほど過激な進展はまったく予想だにしていなかっただろう。

だが、こうした悪夢の現実化にもかかわらず、私たちは「健康」や「大地」の虚構性・制度性・歴史性を冷笑的に分析するだけの趨勢に組みするつもりはない。そうした論はたいてい、論者の身体を不問にしたまま、超越的な価値基準（善悪、人権、結果の歴史……）に依拠しており、そのことによって生の多様性・個別性・創造性を抑圧しているからである。その背後には、ルサンチマンが透けて見える。

かと言って、私たちは、生活や趣味や美的体験を社会や歴史から空想的に切り離し、一切の批判をドアの外へ押し出してしまうような自己愛の側にも組みすまい。それはニーチェが「生への意

シルス=マリアの下宿の背後の高原

志」と呼んだデカダンスにあたる。

いかに大地のうえを旅し、いかにそこに住まうか、いかに飛翔し、いかに着地するか、つまり思考をいかに身体=大地へ住まわせるかというニーチェの問いは、いまだに私たちが実践的に答えるべき政治問題であることを少しもやめていないのだ。ただし、その答え方は、ニーチェによるそれとは必然的に異なったものとなるだろう。つまるところ、本書は、そうした旅への誘《いざな》いにほかならない。

本当の意味で旅すること、本当に休養するために旅すること！（シュプリューゲンにて、カール・フォン・ゲルスドルフ宛て、一八七二年一〇月五日）

装丁　　東　幸央
本文写真撮影　　岡村民夫

著者略歴
一九六一年生まれ
法政大学教授
表象文化論
主要著書（共著）
『「注文の多い料理店」考』（五柳書院）
『スイスの歴史と文化』（刀水書房）
『映画批評のリテラシー』（フィルムアート社）
主要訳書
『デュラス、映画を語る』（みすず書房）

旅するニーチェ　リゾートの哲学

二〇〇四年七月一五日印刷
二〇〇四年八月五日発行

著者 ©岡《おか》村《むら》民《たみ》夫《お》
発行者 川村雅之
印刷所 株式会社三秀舎
発行所 株式会社白水社

東京都千代田区神田小川町三の二四
電話 営業部〇三（三二九一）七八一一
編集部〇三（三二九一）七八二一
振替 〇〇一九〇―五―三三二二八
郵便番号一〇一―〇〇五二
http://www.hakusuisha.co.jp
乱丁・落丁本は、送料小社負担にてお取り替えいたします。

加瀬製本

ISBN4-560-02444-8

Printed in Japan

ニーチェ全集

■**第Ⅰ期・全12巻**　定価三四六六円〜定価五〇四〇円

1悲劇の誕生（浅井真男訳）／遺された著作〈一八七〇年〜一八七二年〉5篇（浅井真男・西尾幹二訳）2反時代的考察第1・2・3篇（大河内了義・三光長治訳）／遺された著作〈一八七二年〜一八七三年〉5篇（西尾幹二訳）3遺された断想〈一八六九年秋〜一八七二年秋〉（谷本慎介・清水本裕訳）4遺された断想〈一八七二年夏〜一八七四年末〉（大河内了義訳）5反時代的考察第4篇（三光長治訳）／遺された断想〈一八七五年初頭〜一八七六年春〉（高辻知義・谷本慎介訳）6人間的な、あまりに人間的な㊤（浅井真男訳）7人間的な、あまりに人間的な㊦（浅井真男・手塚耕哉訳）8遺された断想〈一八七六年〜一八七九年末〉（手塚耕哉・田辺秀樹訳）9曙光（氷上英廣訳）10華やぐ知慧／メッシーナ牧歌（氷上英廣訳）11遺された断想〈一八八〇年初頭〜一八八一年春〉（恒川隆男訳）12遺された断想〈一八八一年春〜一八八二年夏〉（三島憲一訳）

■**第Ⅱ期・全12巻**　定価三一六一円〜定価五二五〇円　★は在庫僅少

1ツァラトゥストラはこう語った（薗田宗人訳）2善悪の彼岸（吉村博次訳）3道徳の系譜（秋山英夫訳）／ヴァーグナーの場合（浅井真男訳）／遺された著作〈一八八九年〉—ニーチェ対ヴァーグナー（浅井真男訳）4偶像の黄昏（西尾幹二訳）／遺された著作〈一八八八年〜一八八九年〉—アンチクリスト（西尾幹二訳）・この人を見よ（西尾幹二訳）・ディオニュソス頌歌（生野幸吉訳）5遺された断想〈一八八二年七月〜一八八三年夏〉（杉田弘子訳）6遺された断想〈一八八三年五月〜一八八四年初頭〉（薗田宗人・杉田弘子訳）★7遺された断想〈一八八四年春〜一八八四年秋〉（薗田宗人訳）8遺された断想〈一八八四年秋〜一八八五年秋〉（麻生健訳）9遺された断想〈一八八五年秋〜一八八七年秋〉（三島憲一訳）10遺された断想〈一八八七年秋〜一八八八年三月〉（清水本裕・西江秀三訳）11遺された断想〈一八八八年初頭〜一八八八年夏〉（氷上英廣訳）12遺された断想〈一八八八年五月〜一八八九年初頭〉（氷上英廣訳）／ニーチェ生活記録〈一八六九年〜一八八九年〉（M・モンティナーリ編　氷上英廣訳）

■**別巻**　定価四九三五円　日本人のニーチェ研究譜　Ⅰ書誌篇（高松敏男編）　Ⅱ資料文献篇（西尾幹二編）

笑うニーチェ

タルモ・クンナス著

（杉田弘子訳）定価二六二五円

ニーチェの著作に頻出する「滑稽なもの」の表現が、あらゆる価値の転換をめざすその思想表現の有力な武器となっていることを指摘し、その重層的構造を明らかにする画期的な論考。

ニーチェからの贈りもの
ストレスに悩むあなたに

ウルズラ・ミヒェルス＝ヴェンツ編

（清水本裕訳）定価一六八〇円

すべての世代に贈るニーチェからの世紀を隔ててこだまするメッセージ集。生きる知恵と甘美な毒に満ちた言葉の数々は、読者を立ち止まらせ、思索する歓びと力を与えてくれるだろう。

ニーチェ思想の歪曲
受容をめぐる100年のドラマ

マンフレート・リーデル著

（恒吉良隆他訳）定価三九九〇円

歪曲され通俗化された言説を厳密なテクスト批判により葬り、ニーチェを正当に位置づけるこの労作は、国家・民族から自由な思想を新世紀へとつなぐための不可欠な書となるだろう。

定価は５％税込価格です．　（2004年7月現在）

重版にあたり価格が変更になることがありますので，ご了承下さい．